Langenscheidt

The Forgotten Ruin
Die vergessene Ruine

von Erika Sophie Hopmann und
Heidelore Mais

Langenscheidt

Berlin · München · Wien · Zürich · New York

Übungen und muttersprachliche Durchsicht: Carole Eilertson
Lektorat: Gabriele Dietz
Layout: Ute Weber
Coverfoto: Bildagentur gettyimages

Für Irmtraud S.

www.langenscheidt.de

Umwelthinweis: Gedruckt auf chlorfrei gebleichtem Papier

Druck: Mercedes-Druck GmbH, Berlin
Printed in Germany

ISBN 978-3-468-44109-7

1. 2. 3. 4. 5. * 12 11 10 09 08

"... Only this and nothing more."
(E.A. Poe, The Raven)

One

Ich war angekommen!
Im Mai des Jahres 1848 war ich endlich am Ziel meiner Träume – im Land der unbegrenzten Möglichkeiten. Hier, so hoffte ich, würde ich die Freiheit finden, die ich in meinem Heimatland vergeblich gesucht hatte. Stunden zuvor hatte das Schiff – eines der neuen Dampfschiffe, die man *steamers* oder *steamboats* nannte – im Hafen von Baltimore angelegt. Nach Amerika gekommen war ich auf einem Segelschiff, das weit vor der Küste vor Anker gegangen war. Der *steamer* brachte mich und meine Mitreisenden, Auswanderer wie ich selbst, an Land. Die Zukunft stand mir offen, nichts würde mich aufhalten können. So oder so ähnlich jedenfalls dachte ich, als ich mein Bündel über die Schulter warf und dem neuen Leben entgegenging.
Ich stand im Hafen. Aufgeregt war ich, voller Pläne und Ungestüm. Schon in Deutschland hatte ich begonnen, die neue Sprache zu lernen. Ein Lehrer, der Englisch beherrschte und sich freute, sein Wissen weitergeben zu können, hatte mich in meiner freien Zeit auf meine Auswanderung vorbereitet.
"My name is Henry White", sagte ich jedem, der es hören oder auch nicht hören wollte. Heinrich Weiß, meinen alten Namen, wollte ich so schnell wie möglich ablegen. Ich war ein neuer Mensch geworden und neue Menschen brauchen neue Namen.
"My name is Henry White. I'm from Germany. I was born in a small village in the Black Forest. My father is dead. My

mother is as poor as a churchmouse. I'm twenty years old and now I'm going to live in America."

Ich war in Amerika!

"**Back off!**" Hinter mir ertönte eine barsche Stimme.

Ein Mann mit einer Handkarre brüllte mich an: "Get out of the way! I'm not made of money! I have to earn a living! Hurry up!"

Ich sprang sofort zur Seite. Egal, ob er mich anschrie oder nicht, ich war in Baltimore! Baltimore im Staate Maryland in Amerika. Ich stand in einem Seehafen, an der Chesapeake Bay, und staunte. Ich staunte über das Menschengewimmel, die Pferdekutschen, über Männer und Frauen, die eilig und geschäftig hin- und herliefen. Überall standen Kisten und Koffer aufgestapelt, und ich suchte nach einer ruhigen Ecke, von der aus ich alles beobachten konnte. Etwas wehmütig dachte ich an meine Mutter, die jetzt sagen würde: "Träum nicht, tu etwas!" Allerdings war ich der Meinung, dass ich sehr wohl etwas getan hatte – schließlich war ich in der neuen Welt angekommen. Gleich darauf wurde mir schmerzhaft bewusst, dass dieses Ziel nur eine Etappe war und dass es nun galt zu lernen.

Ich spürte einen Peitschenstiel in meinem Rücken.

"Hey, boy! Are you dreaming? Look! You can make good money. There's a lot of work to do!", hörte ich jemanden hinter mir rufen.

"I'm sorry", antwortete ich, "but I don't understand. Speak slowly, please."

"Oh well then", rief ein alter Mann, der auf einem Kutschbock saß, "you're a German! What's your name?"

"Henry White", gab ich stolz zurück.

Back off! [ˌbæk ˈɒːf] Zurücktreten!

Er lachte: "Dann ist ja noch nicht Hopfen und Malz verloren, wenn du deinen Namen schon verändert hast." Tatsächlich, er sprach Deutsch mit mir.
"Sie sind Deutscher?" Ich war außer mir vor Freude, hier, in einem amerikanischen Hafen, auf einen Landsmann zu treffen.
"Freu dich nicht zu früh." Der Alte lachte jetzt auch und wechselte ins Englische. "If you want to stay here, you must speak English. So you should start to learn it, my boy. Come here and help me put the stuff from the store over there on my **wagon**." Er deutete auf einen Laden und fuhr fort: "My name is Tony Stone. My old name was Anton ... äh ... Stein. You can call me Tony. Well, don't just stand there! Come on!"

Übung 1: Sind die folgenden Sätze wahr? Kreuzen Sie die zutreffenden Aussagen an.

1. ☐ Henry's father is as poor as a churchmouse.
2. ☐ Henry has just arrived in Virginia.
3. ☐ Henry is visiting America.
4. ☐ Tony Stone is older than Henry.
5. ☐ Henry doesn't speak English.
6. ☐ Henry meets someone from the same country that he is from.

Ich hatte das Zögern, bevor er mir seinen deutschen Namen sagte, zwar wahrgenommen, ließ mir aber nichts anmerken. Tony Stone trug einen dunklen Anzug, der abgetragen, aber von gutem, schweren Stoff war, und einen zum Anzug passenden runden Hut. Sein Alter war schwer zu schätzen, denn sein Gesicht war fast völlig von grauem Haar und einem

---

wagon ['wægən] Karren

grau durchzogenen Bart verdeckt. Er mochte fünfzig Jahre alt sein, vielleicht aber auch sechzig. In seinen Augenwinkeln und auf seiner Stirn reihte sich Falte an Falte. Es war schwer zu sagen, ob sie vom Lachen oder durch irgendeinen Kummer entstanden waren. Meine Mutter sagte immer, Lach- und Sorgenfalten kann man oft nicht unterscheiden. Erst, wenn man einen Menschen näher kennenlernt, weiß man, was sie wirklich bedeuten.

Tony lief voraus und winkte mir nachzukommen. Sein Rücken war ein wenig gebeugt, aber er schritt kräftig aus, und ich hatte Mühe, mit dem schweren Bündel auf meiner Schulter Schritt zu halten.

"Hey, **Mule**, how are you?", rief ihm ein Mann im Vorbeigehen zu.

"Your name is Mule?", fragte ich Tony.

"Yes, I don't like horses, so I keep mules to pull my wagon."

Der Mann hatte ihn gehört und lachte: "Oh Mule, you **can't stand** them, can you? You**'re scared to death** of horses, aren't you? Poor you."

"Whatever you say." Tony grinste nur und ging weiter.

Im Laden, über dem *William's Store* stand, war ich einen Moment sprachlos vor Staunen. Hier gab es alles, einfach alles. Lebensmittel, Gewehre, Kleidung ... Es roch, wie ich es noch nie gerochen hatte, nach Leder, Gewürzen und nach Dingen, die ich nicht kannte.

"Yes", sagte Tony, "here you can buy everything that you need: food and drink, strange **spices**, leather and **cloth**,

---

mule [mju:l] Maultier **to be (was/were, been) able to stand sth.** [bi: / wɑ:z / wɜ:r / bɪn ˌeɪbl tə 'stænd] etw. nicht ausstehen können
to be scared to death [bi: ˌskerd tə 'deθ] sich zu Tode ängstigen
spice [spaɪs] Gewürz **cloth** [klɒ:θ] Stoff

axes, **pistols**, **rifles**, **shotguns**, **china**, pots, **saucepans**, knives and forks, **clothing**, blankets, etcetera – whatever you like." Er deutete bei jedem Wort auf den betreffenden Gegenstand. Vieles davon kannte ich schon, einiges war mir neu. Ich wollte alles behalten und prägte mir ein, was nur ging.
"Who's this?", fragte ein dicker Mann hinter dem Tresen und deutete auf mich. "One of your relatives from Germany, Mule? He looks like a real greenhorn to me."
"Things aren't always what they seem, William", sagte Tony kurz.
Der Sinn des Satzes entging mir nicht. Ich verstand, dass es um mich ging.
"Everything has arrived. Only the books are missing." Der Mann hinter dem Tresen, von dem ich nun wusste, dass er William hieß, deutete auf mehrere Säcke und Kisten.
"Still no books?"
"I can't do anything about it." William zuckte die Schultern. "But the newspapers have arrived, and the **bolt of cloth** for Helen, and Roderick's favorite **tobacco**, too."
"Well." Tony nahm einen der Säcke und schulterte ihn; ich tat es ihm gleich. ***Flour***, *sugar, salt* und noch viele Bezeichnungen mehr standen auf den Säcken. Wir gingen zurück zu den Maultieren und beluden den Wagen.
"Mit *flour* backt man Brot", erklärte mir Tony. Ich lachte, denn *flour* kannte ich, und auch wenn ich nicht gewusst hätte, was *sugar* und *salt* bedeutet, hätte ich es nur probieren müssen. Nach kurzer Zeit hatten wir den Wagen vollgeladen.

---

pistol ['pɪstl] Pistole **rifle** ['raɪfl] Gewehr **shotgun** ['ʃɑːtgʌn] Schrotflinte **china** ['tʃaɪnə] Porzellan **saucepan** ['sɒːspæn] Kochtopf **clothing** ['kloʊðɪŋ] Kleidung **bolt of cloth** [ˌboʊlt əv 'klɒːθ] Stoffballen **tobacco** [tə'bækoʊ] Tabak **flour** [flaʊr] Mehl

Ich stand vor den Maultieren und streichelte ihre Köpfe.
"I think you need a hot meal. Hurry up, Henry", sagte Tony als wir alle Waren verstaut hatten.
"Sorry, but I ...", sagte ich vorsichtig. Ich musste sehr sparsam sein.
"Ja, ja, ich weiß. Du bist eingeladen. Hunger wirst du doch haben? Komm mit."
Ich lief hinter dem Alten her und betrat zum ersten Mal in meinem Leben eine ***tavern***. Da es noch früh am Tag war, herrschte wenig Betrieb. Und ich war hungrig, sehr sogar. Die Mahlzeiten auf dem Segelschiff waren eintönig gewesen: viel Schiffszwieback, manchmal Kartoffeln und wenig Pökelfleisch.
"*Hopkin's Best*, Mule?", rief der Barkeeper uns zu, als wir eintraten.
"Sure, Nat. Two Bourbon, please." Tony ließ sich auf einen Stuhl fallen und ich nahm neben ihm Platz. Bourbon? Ich hatte das Wort schon auf dem Schiff gehört, kannte das Getränk aber nicht und dachte an Obstschnaps.
"*Hopkin's Best* wird aus **Indian corn** hergestellt und *corn* wirst du auch gleich auf deinem Teller haben", erklärte mir Tony.
Ich war gespannt, was ich bekommen würde.
"Do you like fish or **seafood**?" Tony sah mich an und deutete auf eine riesige Pfanne, die über einem offenen Feuer mitten in der Gaststube hing. Dabei sah ich, dass der mittlere Finger seiner linken Hand fast vollständig fehlte. Seine Hände waren breit und kräftig und erinnerten mich an die meines Meisters.

---

tavern ['tævərn] Gasthaus **(Indian) corn** [ˌɪndɪən 'kɔːrn] Mais
seafood ['siːfuːd] Meeresfrüchte

Nat brachte uns das Essen und es schmeckte. Ich griff zu, bis mein Teller leer war.
"Have some vegetables too. They'll taste good after that long **voyage**", forderte Tony mich auf.
Ich schaufelte mir Bohnen und Zwiebeln auf den Teller. Seit Wochen hatte ich nicht mehr so gut gegessen. Zufrieden und satt lehnte ich mich schließlich zurück und überlegte, wohin ich als Nächstes gehen sollte. Ich hatte Verwandte in einem Staat namens Virginia; sie betrieben dort eine kleine Farm und meine Mutter bestand darauf, dass ich sie aufsuchen sollte, sobald ich in Amerika angekommen war. Aber wollte ich das?
Als ich noch darüber nachdachte, begann Tony, mich auszufragen. Er wollte alles wissen: Woher ich kam, wie alt ich war, ob ich einen Beruf erlernt hatte.
"Ich bin mit dem Segelschiff *Johannes* von Bremerhaven gekommen. Hierher übergesetzt habe ich mit einem *steamboat*. Noch nie habe ich so etwas gesehen: ein Schiff ohne Segel. Wunderbar, was man hier erlebt, ohne auch nur einen Fuß an Land gesetzt zu haben."

Übung 2: Setzen Sie die Verben ins Past Simple.

"Yes", antwortete Tony verhalten. "Sure. But these steamboats can be dangerous. There **1.** *(to be)* _________ a terrible explosion in the Chesapeake Bay six years ago, in 1842 on the *Medora*. I **2.** *(can't)* _________ believe it. About one hundred persons **3.** *(to die)* _________ or **4.** *(to be)* _________ hurt."

---

voyage ['vɔɪɪdʒ] Reise

"Was war geschehen?" Mir zitterten im Nachhinein die Knie, dass ich mich einer solchen Gefahr ausgesetzt hatte.

"The **boiler** 5. *(to explode)* _________ and the ship 6. *(to sink)* _________ to the **bottom of the sea**. Warum, ist bis heute nicht geklärt. Aber sei unbesorgt, inzwischen wurden die Dampfschiffe verbessert und es ist seitdem kein solches Unglück mehr geschehen. But let's change the **subject**. What do you do?"

Als ich ihm erklärte, ich sei ***carpenter***, sah er mich für einen Moment verblüfft an und lachte.
"You're a carpenter? You can make and repair furniture? Tables, chairs, windows, doors and **coffins**?"
Ich nickte und sagte einfach: "Yes, I can do it."
"Do you already know where you're going to live and work?"
Ich verneinte. Die Verwandten in Virginia verschwieg ich einfach, denn ich hatte das Gefühl, dass sich hier ein Weg für mich auftat, an den ich vor einer Stunde noch nicht gedacht hatte.
"I'm a carpenter, too", sagte Tony. Jetzt wusste ich, warum mich seine Hände an meinen Meister erinnert hatten. Tony packte mich bei den Schultern und fuhr in deutscher Sprache fort: "Mein Sohn Roderick will Schreiberling werden und hält nichts vom Handwerk. Ich suche einen Gesellen. You can

---

boiler ['bɔɪlər] Dampfkessel **to explode** [ɪk'sploʊd] explodieren **bottom of the sea** ['bɑːtəm əv ðə 'siː] Meeresgrund **subject** ['sʌbdʒɪkt] Thema **carpenter** ['kɑːrpəntər] Tischler **coffin** ['kɒːfɪn] Sarg

help me with my work. You can have free **room and board**, and you can start right away."

"Ja! Ja, yes." Ich konnte mein Glück kaum fassen. Noch keinen Tag in Baltimore und schon hatte ich Arbeit. Virginia konnte mir gestohlen bleiben; ich wollte in Maryland bleiben.

Wir nahmen unsere Gläser, stießen an und tranken. Tony reichte mir die Hand, die sich rau und kräftig anfühlte, und die Sache war perfekt.

"Come on, boy! Let's go home."

"Hey, Mule." Nat grinste. "How long do you think he'll stay around?"

Tony sah ihn kurz an und schüttelte den Kopf. "This one's different. He**'ll stick it out**."

Mit diesen Worten ließ er den Barkeeper stehen, ging mit mir zum Wagen und schon zuckelten wir los. Maultiere sind zwar nicht unbedingt schnell, aber sie sind ausdauernd und zielstrebig. Wir brauchten einige Zeit, um aus dem Hafen herauszukommen, doch endlich fuhren wir eine Straße entlang, die Pratt Street hieß und in deren Mitte Schienen verliefen. Vor und hinter uns drängten sich Pferdewagen, Mauleselkarren und Schienenfahrzeuge, die ein Fortkommen nicht gerade erleichterten, sondern Tony einiges an Lenkmanövern abverlangten.

"The Baltimore & Ohio Railroad runs through this street." Tony hatte meinen fragenden Blick bemerkt. "Beim Bau der Linie haben sich die Ingenieure über die Wegführung gestritten. Du siehst ja, was dabei herausgekommen ist." Er lachte. "Diejenigen, die die Schienen mitten durch die Pratt Street legen wollten, haben gewonnen."

---

room and board [ˌruːm ən ˈbɔːrd] Kost und Logis
to stick (stuck, stuck) it out [ˌstɪk / ˌstʌk / ˌstʌk ɪt ˈaʊt] durchhalten

Ich nahm mir vor, in meiner freien Zeit noch einmal hierher zu kommen und mir alles in Ruhe anzusehen. Fabriken und Läden säumten die Straße. Weiter ging die Fahrt durch die Hamburgh Street. Hier, so erklärte mir Tony, lebten viele deutsche Einwanderer.

Nach und nach wurde es ruhiger auf den Straßen. Von Weitem sah ich ein riesiges Bauwerk, auf das wir zufuhren.

“What's this?”, wollte ich wissen.

“This is the Washington Monument of Baltimore. **By the way**, look over there and you'll see the harbor”, erklärte mir Tony. Ich drehte den Kopf und sah den riesigen Hafen hinter mir liegen. “George Washington was the first president of the United States”, fuhr Tony begeistert fort. “He was president from 1789 to 1797. The monument was designed by an architect called Robert Mills. There are 228 steps to the top. It's marvellous, isn't it?”

“Yes, it's really marvellous.” Ich war wirklich beeindruckt.

“Im Inneren gibt es eine Wendeltreppe, die auf eine Galerie führt. Du kannst von dort die ganze Stadt und die Umgebung überblicken”, fügte Tony hinzu.

Ich lachte. “Du klingst sehr stolz, Tony.”

“Yes.” Tony grinste zurück. “Yes, of course. I'm very proud.”

---

by the way [ˌbaɪ ðə ˈweɪ] übrigens

Two

Wir setzten unseren Weg fort und allmählich brach die Abenddämmerung herein. Tony schwieg. Die Maultiere trotteten ruhig dahin, nur ab und zu zuckten sie mit den Ohren. Mir wurde wehmütig ums Herz, wie und warum, kann ich nicht erklären. Tony lenkte die Maultiere mit einer Hand, die andere stützte er auf sein Knie. Es schien mir, als fänden die beiden grauen Vierbeiner ihren Weg wie von selbst. Die Bäume am Wegrand trugen das erste Grün und warfen lange Schatten über die Straße. Langsam wurde mir wieder bewusst, dass ich in Baltimore angekommen war, aber das Glücksgefühl, das ich noch vor ein paar Stunden verspürt hatte, stellte sich nicht mehr ein.

Übung 3: Bringen Sie die folgenden Ereignisse in Henrys Leben in chronologische Reihenfolge.

a. ☐ Tony took him to Nat's.
b. ☐ He left Bremerhaven.
c. ☐ They took the mule wagon home.
d. ☐ He met Tony Stone, a carpenter.
e. ☐ He arrived in Baltimore.
f. ☐ They bought **supplies** from the store.
g. ☐ Tony offered him a job.

Eher hatte eine Art gespannter Erwartung von mir Besitz ergriffen. Ein großer schwarzer Kater kreuzte unseren Weg, blieb einen Augenblick stehen und verschwand mit einem Fauchen zwischen hohen Gräsern, die einen Wasserlauf säumten.

---

supply [sə'plaɪ] Vorrat

"It's Pluto, Helen's cat. He looks like a panther, doesn't he? He wants us to think that he's dangerous. Actually, he's the nicest and most **good-natured** cat I know. Oh, by the way, Helen is my daughter. She's seventeen."

Ich lachte.

"Our ship had a cat on board – to kill rats. His name was Peter. He **scratched** everybody on board the *Johannes* **except** me. He was mostly harmless, but he certainly was very lively."

Tony antwortete nicht mehr; er starrte wieder vor sich hin und achtete nicht auf seine Umgebung.

Plötzlich erblickte ich in der Dämmerung zwei riesige lodernde Augen. Ich erschrak und packte Tony am Arm.

"What is that?", flüsterte ich und erkannte im gleichen Moment die Überreste eines großen Hauses, durch dessen leere Fensterhöhlen die letzten Sonnenstrahlen schienen. "There's something strange about that house. Don't you think so?", wollte ich wissen.

Tony schaute weiter geradeaus, als hätte er mich nicht gehört. Erst nach einer ganzen Weile antwortete er mir: "Forget all about that old ruin."

Er schien mir mit einem Male sehr abweisend, und wie um mich abzulenken, stellte er die Frage: "Have you ever heard of Edgar Allan Poe?"

Er sah mich dabei nicht an und ich merkte, dass er die Maultiere zu höherem Tempo antrieb. Eine Spannung ging von ihm aus, die sich auf mich übertrug.

"Edgar Allan Poe? No, I've never heard of him. Who is he?"

Tony schwieg. Ich blickte zurück auf die Ruine, erkannte vor

---

good-natured [ˌgʊdˈneɪtʃərd] gutmütig **to scratch** [skrætʃ] kratzen
except [ɪkˈsept] außer

der untergehenden Sonne Krähen, die wie Schattenrisse auf einer halb zerfallenen Mauer saßen.
“Can you see the **crows**?”
“Yes, I can”, antwortete ich.
Tony sprach mit rauer Stimme, wie aus weiter Ferne: “He wrote a poem called ***The Raven***. This is how it starts.”
Er richtete sich auf und sagte laut und deutlich:

“*Once upon a midnight* ***dreary****, while I* ***pondered****, weak and* ***weary****,*
Over many a ***quaint*** *and* ***curious volume*** *of forgotten* ***lore*** *–*
While I ***nodded****, nearly* ***napping****, suddenly there came a* ***tapping****,*
As of some one ***gently rapping****, rapping at my* ***chamber*** *door.*
‘Tis some visitor,’ I ***muttered****, ‘tapping at my chamber door –*
Only this and nothing more.’”

Tony hielt einen kurzen Augenblick inne. Dann wandte er sich mir zu und sagte: “If you work really hard to learn English, it won’t be long until you can understand his poems and stories.”
Ich nickte nur und merkte, dass ich mehr verstand, als ich gedacht hätte. “*Once upon a midnight dreary* ...” Ich konnte mir die düstere Mitternachtsstunde sehr gut vorstellen. Wie

---

crow [kroʊ] Krähe **The Raven** [ðə 'reɪvən] Der Rabe **dreary** ['drɪrɪ] düster **to ponder** ['pɑːndər] sinnen **weary** ['wɪrɪ] müde **quaint** [kweɪnt] merkwürdig **curious** ['kjʊrɪəs] seltsam **volume** ['vɑːljəm] Foliant **lore** [lɔːr] Lehre **to nod** [nɑːd] *hier:* einnicken **to nap** [næp] schlafen **tapping** ['tæpɪŋ] Pochen **gently** ['dʒentlɪ] leise **to rap** [ræp] klopfen **chamber** ['tʃeɪmbər] Kammer **to mutter** ['mʌtər] murmeln

oft hatte ich nachts über einem Englischbuch gesessen, bis mir die Augen zufielen. Sogar das Pochen an der Tür war mir bekannt, denn meine Mutter hatte darauf geachtet, dass ich trotz all meiner Auswanderungspläne noch genügend Schlaf bekam.

"The poem sounds strange and sad. But what does 'napping' mean?", fragte ich.

"Oh yes, napping ... here it means sleeping. A nap is when you sleep for a very short time, so you can take an afternoon nap, for example. But look, half an hour ago the mules were going at walking pace, but now they're walking faster because they know we're getting close to home."

Auch wenn die Maultiere jetzt schneller liefen, dauerte es doch noch eine ganze Weile, bis wir das Haus erreicht hatten.

"Welcome home." Tony sah mich lächelnd an.

In diesem Augenblick hörte ich ein helles Lachen, und eine Frauenstimme klang durch die Dämmerung, die mir gerade noch erschreckend und unbehaglich vorgekommen war. Jetzt war alles wie weggewischt.

Tonys Haus wirkte einladend und alles andere als geheimnisvoll.

Übung 4: Beantworten Sie die folgenden Fragen über Tony in vollständigen Sätzen, wie im Beispiel vorgegeben.

1. What is Tony's profession?

Tony is a carpenter. ______________________________

2. What is Tony's daughter's name?

____

3. What animals pull Tony's wagon?

____

4. What color is Tony's daughter's cat?

____

5. Who is Tony's favorite author?

____

6. What is Tony's **nickname**?

____

7. What is Tony's real name?

____

8. Which animal doesn't Tony like?

____

Wir stiegen ab und ich sah mich in Ruhe um. Es war ein großes, rotes Backsteinhaus mit mehreren Nebengebäuden. Die Fenster hatten grüne Läden, die mit kleinen verzierten Riegeln an der Hauswand befestigt waren. Das erinnerte mich an zu Hause. Wie oft hatten Kinder im Vorbeirennen die Riegel gelöst und die Fensterläden waren hin- und hergeschlagen.
"Do you like our big **brick house**?", fragte Tony.
"Oh, I do. It looks very nice."
"There is room for lots of people." Tony deutete auf die Fenster im Obergeschoss.

---

nickname ['nɪkneɪm] Spitzname **brick house** ['brɪk haʊs] Backsteinhaus

"It's Father! I just heard the wagon coming into the **farmyard**. The mules want their **fodder**", hörte ich die helle Stimme wieder.
Ein Duft von Frühlingsblumen lag in der Luft; aus der Haustür drang Licht, und ich erkannte darin eine große Diele, und mitten auf der Diele stand ein ... Wesen ... Noch heute, nach über dreißig Jahren, erinnere ich mich genau an diesen Anblick. Sie war nicht sehr groß und hatte ihr langes, braunes Haar zu einem Zopf geflochten, der über ihre Schulter hing. Die junge Frau trug grobe Männerhosen, ein weißes Leinenhemd und eine Weste und rief: "**Holy cow**! I didn't know someone was with you. Who's this? **Bless my heart!**"
Gleich darauf brach sie wieder in ihr helles Lachen aus und lief uns entgegen.
"May I introduce you to my daughter Helen?" Tony verzog keine Miene.
Helen sah mich an, und ich blickte in ihre dunkelblauen Augen, die mir auf Anhieb gefielen.
"I'm ... glad ... glad to meet you", stammelte ich, worauf sie, immer noch lachend, antwortete: "Come along to the **porch** and **hold on**, wait a minute, I'll be right back."
Sie drehte sich auf dem Absatz um und verschwand im Haus. Da sie Männerstiefel trug, hallte jeder Schritt in der Diele wider.
Ich starrte Tony an, der mich zur Veranda neben der Eingangstür führte. Wie auch die Tür- und Fensterrahmen des Hauses war sie weiß gestrichen. Ein großer Holztisch,

---

farmyard ['fɑːrmjɑːrd] Hof **fodder** ['fɑːdər] Futter **Holy cow!** ['hoʊlɪ ˌkaʊ] Heiliger Bimbam! **Bless my heart!** ['bles maɪ 'hɑːrt] Du meine Güte! **porch** [pɔːrtʃ] Veranda **Hold (held, held) on.** [ˌhoʊld / ˌheld / ˌheld 'ɑːn] Augenblick mal.

auf dem ein Strauß frischer Frühlingsblumen stand, und mehrere Stühle waren dort.

"You're welcome to sit on the porch." Tony bot mir einen der Stühle an und setzte sich selbst in einen Schaukelstuhl.

"Yes, that was Helen. She's grown up without her mother. I'm afraid to say that her **upbringing** went all wrong. I did my very best, but it still wasn't good enough. She can be very nice when she wants to be."

Tony grinste zwar, aber ich spürte auch eine Traurigkeit, die er nicht verbergen konnte.

Wieder hörte ich Schritte, diesmal schwerere, und ein junger Mann betrat die Veranda, der große Ähnlichkeit mit Helen hatte.

"Hello ... who's this stranger?" Er sah mich fragend, aber nicht unfreundlich an.

"This is my son Roderick. And this is Henry White. He has just arrived from Germany", stellte Tony uns vor.

Der Schreiberling also, dachte ich. Sein Haar fiel ihm in die Stirn, und als er es zurückstrich, sah ich Tintenflecken an seinen Fingern. Mit geradem und entschlossenem Blick musterte er mich. Er trug sandfarbene Cordhosen und ein helles Hemd mit weiten Ärmeln.

Tony fuhr fort: "He's a bit taller than I am, and he's three years older than his sister. But she knows more than he does."

Jetzt wandte er sich direkt an Roderick: "You may thank your lucky stars, **scribbler**. I found a carpenter to **replace** you this morning."

"Wait for me, please", hörte ich da Helen, die mit einem Tablett zurückgekommen war, auf dem mehrere Gläser und ein Krug

---

upbringing ['ʌpˌbrɪŋgɪŋ] Erziehung **scribbler** ['skrɪblər] Schreiberling **to replace sb.** [rɪ'pleɪs] jdn. ersetzen

mit Limonade standen. "I want to know everything from the very start. You're a carpenter, aren't you? Where do you come from? Where did you meet my father? Tell me all the news, will you? My father is very good-natured, but he always lives by the motto: A shut mouth doesn't catch any **flies**!"

"Slow down, Helen! **Come up for air!** We all know that you**'re burning with curiosity**." Roderick lachte und es war zu sehen, dass er und seine Schwester sich mochten.

"My name is Henry White, and I arrived in Baltimore early this morning. I'm German. Your father met me at the harbor. I helped him to **load up** the mule wagon with various goods."

"So you traveled all the way across the sea to get here, did you?" Helen hüpfte um uns herum "I love ships. Please tell us all about your journey. Were there any signs of a storm when you set out? Oh, I'm sorry ... How **silly** of me! Would you care for a glass of lemonade?"

Sie reichte mir ein Glas, um gleich darauf mit Fragen fortzufahren: "Please tell me everything. What did you think when you got off the steamer?"

"I was **exhausted** and I was afraid they wouldn't let me come **ashore**."

"What happened?", fragte sie atemlos. "Would you like some cookies?", fügte sie hinzu.

"Yes, please."

"Here you are. What about another glass of lemonade?"

"No, thank you."

Ich begann nun tatsächlich, wie Helen es von mir gefor-

---

fly [flaɪ] Fliege **Come up for air!** [kʌm 'ʌp fər 'er] Hol mal Luft! **to burn with curiosity** [ˌbɜːrn wɪð kjʊrɪ'ɑːsətɪ] vor Neugier brennen **to load up sth.** [ˌloʊd 'ʌp] etw. beladen **silly** ['sɪlɪ] dumm **exhausted** [ɪg'zɒːstɪd] erschöpft **ashore** [ə'ʃɔːr] an Land

dert hatte, von Anfang an zu erzählen: "After we had left Bremerhaven, the sea was rough and I became **seasick** at once. On March 27, the sea got calmer. There were only a few **gusts of wind**. After that, in fact, there was hardly any wind and the sea stayed calm."

"It's pronounced calm", unterbrach Helen mich. "The 'l' in 'calm' is not pronounced. Go on, please. I'm curious to hear the rest of your story."

Helen beugte sich nach vorn und ich sah, dass sie eine goldene Halskette mit roten Steinen trug.

"Well ... calm ... ." Diesmal versuchte ich das Wort richtig auszusprechen. "While I **was fighting off** the seasickness, I could see the coast of England. We were all standing at the railing looking at the coast in the distance."

Übung 5: Bilden Sie Wörter aus den vorgegebenen Buchstaben.

1. You are welcome to sit on the *(prhco)* _________.
2. At first the sea was *(rguho)* _________ then it became *(clma)* _________.
3. Edgar Allan Poe wrote a poem called The *(Renav)* _________.
4. Helen offers Henry some *(laednoem)* _________.

---

seasick ['siːsɪk] seekrank **gust of wind** [ˌɡʌst əv 'wɪnd] Windbö
to fight (fought, fought) off sth. [ˌfaɪt / ˌfɔːt / ˌfɔːt 'ɒːf] gegen etw. ankämpfen

5. Henry saw a *(rinu)* ________ on the way to Tony's house.

6. The windows in the house **were glowing** like *(esey)* ________ and some *(corsw)* ________ were flying around.

"Could you see it clearly?", fragte Tony mit großem Interesse.
"Not really. The weather wasn't pleasant. It was rainy and **mysterious**."
"Mysterious?" Helen lachte und die anderen schmunzelten.
"You mean **'misty'**, don't you?", fragte Roderick.
Helen lachte noch immer und meinte: "Fog can make things look mysterious."
Da griff Tony ein. "Helen, wenn Henry uns von seiner Überfahrt erzählt hat, kannst du ihm ein bisschen von Pluto auf Deutsch erzählen. All right?"
"Oh, thank you, but no. I can do without that." Helen winkte erschreckt ab. "Henry, I'm sorry. Your English is much better than my German."
"It wasn't easy to cross the **English Channel**", fuhr ich tapfer fort. "By the time we reached the ocean, the wind had dropped, and the sea was almost completely calm. For a while we had fine, warm weather, but then the sea became rough again. Again we listened to what we had heard before: loud **creaking** noises were coming from the ship, and the

---

to glow [gloʊ] leuchten **mysterious** [mɪˈstɪrɪəs] mysteriös **misty** [ˈmɪstɪ] neblig **English Channel** [ˌɪŋglɪʃ ˈtʃænəl] Ärmelkanal **to creak** [kriːk] knarren

wind was screeching. The gale damaged one of the sails. We were **stuck** in an airless room below. Nobody could breathe. And I was seasick again. I was so happy to finally see the Baltimore coast. Doctors came aboard to examine us, but we didn't know for what purpose. It was very mysterious. Right?"
Jetzt schmunzelten wir alle. "When they had finished with us, a steamboat **turned up** and we finally landed in Baltimore."
"More and more immigrants are arriving each day. Most are healthy, but you never know", warf Roderick ein.
"Some of them carry **diseases** like **scarlet fever**, **typhoid** and cholera", sagte Tony. "Last year **smallpox** broke out – two hundred cases – and the disease arrives here by ship. I'm sorry, but we have to examine everybody. Let's talk about something else."
"I'm glad you're here", sagte Helen liebenswürdig. "Why don't you stay with us?"
Roderick grinste: "I**'m in high spirits**", sagte er leise zu mir und fuhr fort: "If you work in my father's **workshop**, he'll leave me alone. I hope you get on well with him."
Warum nicht, dachte ich bei mir. Tony machte einen sehr umgänglichen und freundlichen Eindruck. Und mir machte meine Arbeit Spaß. Ich freute mich auf die Werkstatt und war gespannt zu sehen, wie und ob sich eine amerikanische Tischlerwerkstatt von einer deutschen unterschied.
"**Hell on wheels!**", dröhnte plötzlich eine Stimme hinter mir, "I see there's a stranger visiting with my neighbor."

---

stuck [stʌk] eingepfercht **to turn up** [ˌtɜːrn ˈʌp] auftauchen **disease** [dɪˈziːz] Krankheit **scarlet fever** [ˌskɑːrlət ˈfiːvər] Scharlach **typhoid** [ˈtaɪfɔɪd] Typhus **smallpox** [ˈsmɒːlpɑːks] Pocken **to be in high spirits** [biː ɪn ˌhaɪ ˈspɪrɪts] in Hochstimmung sein **workshop** [ˈwɜːrkʃɑːp] Werkstatt **Hell on wheels!** [ˈhel ɑːn ˌwiːlz] Potztausend!

Der Mann, der die Veranda betrat, mochte ungefähr im gleichen Alter sein wie Tony, aber was für ein Unterschied! Selten hatte ich eine so schmutzige und heruntergekommene Gestalt gesehen. Neben ihm stand eine zierliche junge Frau mit einer Fülle dunkelblonder Locken. Sie trug ein einfaches Kleid und war ungefähr in Helens Alter.
Roderick lächelte, als er sie sah.

Übung 6: Setzen Sie das passende Adjektiv ein.
*(**decent**, quiet, glad, lovely, American, German)*

Schon schlug mir der Besucher auf die Schulter. "I'm Fitz, just Fitz, and this is my **1.** ______________ daughter Lenore. Lenore!", rief er laut. "Meine liebliche Tochter Lenore." Mit einem dröhnenden Lachen brach er ab.
Ich sah ihn verdutzt an. "Are you **2.** ______________ too?"
"Heaven forbid, I'm **3.** ______________. But my parents came over from Germany."
"Fitz, be **4.** ______________", sagte Tony ärgerlich. Aber der lachte immer noch schallend. Die junge Frau neben ihm reichte mir freundlich die Hand: "I'm Lenore Fitz. I'm **5.** ______________ to meet you. Don't take my father seriously. My father is always joking, but he's a **6.** ______________ man, at least sometimes."

---

decent ['di:sənt] anständig

“These are our neighbors”, erklärte mir Helen. “And this is Henry White. He’s from Germany and he’s a carpenter. My father **has taken** him **in**”, stellte sie mich vor.
Mit einer tiefen Verbeugung sagte Fitz: “I’m pleased to make your **acquaintance**.”
“The pleasure is all mine”, antwortete ich verblüfft.
Fitz und Lenore schüttelten mir die Hand und verabschiedeten sich wieder. Roderick begleitete die beiden noch ein Stück.
“Lenore has had a hard time”, sagte Helen. “Her mother ran off and left them.” Man spürte, dass Lenore ihr leidtat.
Helen und Tony zeigten mir sämtliche Räume des Hauses. In der unteren Etage waren die Küche, ein großes Wohnzimmer und die Kammer für den Gesellen, in die ich nun einziehen sollte.
Ich stand in meinem neuen Zimmer und war glücklich. Es war einfach, aber gut eingerichtet. Zum Bett gehörte ein bunter Überwurf aus ***calico***, die Vorhänge an dem großen Fenster waren ebenfalls aus Kattun. Ein Waschtisch mit einer Schüssel und einer Kanne mit frischem Wasser stand an der einen Wand, an der anderen hatte sogar ein kleiner Schreibtisch Platz. Direkt unter dem Fenster aber stand das Prunkstück: ein Schaukelstuhl, fast so groß und schön wie der auf der Veranda. Und es gab eine Kommode, in der ich meine Sachen verstauen konnte.
Tony kam an der offenen Zimmertür vorbei, als ich mein Bündel auspackte.
Ich hatte nicht viel von zu Hause mitnehmen können, hatte aber einige Dinge eingepackt, die mir viel bedeuteten. Das

---

to take (took, taken) sb. in [ˌteɪk / ˌtʊk / ˌteɪkən / ˈɪn] jdn. bei sich aufnehmen **acquaintance** [əˈkweɪntəns] Bekanntschaft **calico** [ˈkælɪkoʊ] Kattun

kleine Aquarell meiner Mutter stellte ich neben mein Bett auf den Nachttisch. Gerade wollte ich das einzige Buch, das ich besaß, neben das Bild legen, als Tony verblüfft darauf wies: "What's that? Are you reading a book? What kind of book is it?"

"I don't know the English word. In Germany we say 'Schauergeschichte'. This one is written by E.T.A. Hoffmann: *Die Elixiere des Teufels.*" Es war ein Geschenk meines Englischlehrers.

"It's a horror story, Henry."

Tony kam in mein Zimmer.

"If you like E.T.A. Hoffmann, you'll like the stories by Poe too. But now, sleep well. You look very tired."

Three

Mehr als einen Monat arbeitete ich schon in der Werkstatt und viel Neues war in der Zwischenzeit auf mich eingestürmt. Für heute war die Arbeit beendet, und der neue Hobel, den ich inzwischen sehr schätzte, hatte mir dabei gute Dienste geleistet. Es war ein Eisenhobel, der mir bis dahin völlig unbekannt gewesen war. Tony aber meinte: "The block **plane** is quite simple to use."

Ich sah mich in der Werkstatt um und holte den Besen. Den Geruch von ***sawdust*** mochte ich schon immer, und während ich die Werkstatt ausfegte, fiel mir wieder einmal auf, dass die Hölzer anders rochen als im Schwarzwald, denn hier arbeitete ich in der Hauptsache mit dem Holz von *red* und *white* ***chestnut***, ***hickory***, ***oak***, ***pine***, ***aspen***, ***basswood***, ***hemlock*** und ***beech***; am liebsten allerdings mit ***ash wood***, einem Holz, das sich auch für Drechselarbeiten eignete. Tonys Werkstatt war mit allem ausgestattet, wovon ich zu Hause nur geträumt hatte. Die Werkbank stand unter einem großen Fenster. An den Wänden hingen Werkzeuge von jeder Art und Größe.

"Here are the **tools**", hatte Tony an meinem ersten Arbeitstag zu mir gesagt, "and really fine tools at that. All my **chisels** and planes are **engraved** with my **initials** – A.S. Please, **handle** them **with care**."

---

plane [pleɪn] Hobel **sawdust** ['sɔːdʌst] Sägemehl **chestnut** ['tʃestnʌt] Kastanie **hickory** ['hɪkərɪ] Walnussbaum **oak** [oʊk] Eiche **pine** [paɪn] Fichte **aspen** ['æspən] Espe **basswood** ['bæswʊd] Linde **hemlock** ['hemlɑːk] Hemlocktanne **beech** [biːtʃ] Buche **ash wood** ['æʃ wʊd] Eschenholz **tool** [tuːl] Werkzeug **chisel** ['tʃɪzl] Beitel **engraved** [ɪn'greɪvd] eingraviert **initial** [ɪ'nɪʃl] Initiale **to handle sth. with care** [ˌhændl / wɪð 'ker] etw. vorsichtig handhaben

Das tat ich und war begeistert von der Werkstatt. Auch für meine Leidenschaft, ***wood carving***, waren genügend Werkzeuge vorhanden.
"There are some **piles of lumber** in the **barn**", hatte Tony mir erklärt, als er mich damals durch alle Nebengebäude führte. Überall waren verschiedene Hölzer aufgestapelt.

Übung 7: Ordnen Sie den folgenden Begriffen die richtigen Erklärungen zu, indem Sie die entsprechenden Buchstaben eintragen.

1. harbor	☐	**a.**	a kind of wood
2. crow	☐	**b.**	a house that is in a very bad condition
3. block plane	☐	**c.**	a strong drink
4. flour	☐	**d.**	a place where ships can dock
5. mule	☐	**e.**	a carpenter's tool
6. ruin	☐	**f.**	a black bird
7. bourbon	☐	**g.**	a main **ingredient** in bread
8. hickory	☐	**h.**	an animal

Gerade als ich jetzt den Besen zur Seite stellen und meine Arbeitsschürze abbinden wollte, hörte ich, dass Tony eintrat. "The **coffin lid** looks very impressive with those carvings. You've done a good job chiseling out those birds and leaves", sagte er anerkennend.
Er war den ganzen Tag unterwegs gewesen, denn im Hafen war Holz aus Afrika angekommen. Roderick hatte mir geholfen, die Seitenteile eines Sarges glattzuhobeln. Der

---

wood carving ['wʊd kɑːrvɪŋ] Holzschnitzerei **pile of lumber** [ˌpaɪl əv 'lʌmbər] Holzstoß **barn** [bɑːrn] Scheune **ingredient** [ɪn'griːdɪənt] Zutat **coffin lid** ['kɑːfɪn lɪd] Sargdeckel

Sarg war aus Eichenholz und für einen gerade verstorbenen Angehörigen einer sehr reichen Familie bestimmt. Normalerweise stellten wir Särge aus Kiefernholz her, denn Eiche war sehr teuer.
"What's this?" Tony deutete plötzlich mit hochrotem Kopf auf den Sarg. "Are you a beginner? I thought you were a carpenter! What's that block plane doing on the coffin? Fresh oak wood! Don't you have any experience?"
Er war immer lauter geworden, den letzten Satz schrie er förmlich.
"Oh, no! I'm so sorry about this." Natürlich wusste ich, dass man Werkzeuge aus Eisen nicht auf frisches Eichenholz legen darf, weil die Gerbsäure der Eiche Eisen oxydieren lässt. Aber nichts hätte mich dazu gebracht, Roderick zu verraten.
"It's turned blue! Blue through and through!", schrie Tony. "Such **stupidity**! See what I mean! Or are you blind?"
Das Holz und der Hobel hatten sich blau verfärbt.
"What's wrong?" Roderick kam in die Werkstatt geschlendert und sah uns fragend an. Ich deutete stumm auf den Sarg, den er bearbeitet hatte.
"You are no better than my son, the scribbler, Henry. Why can't I find a better pair of carpenters? Look at the coffin", schnauzte Tony Roderick an.
Roderick strich sich die Haare aus der Stirn und wurde rot. "I'm so sorry, Father. It's my fault." Er blickte seinen Vater an und zuckte die Achseln.
"It's your fault? You are to **blame for** this disaster?" Tony ließ die Schultern hängen. "I should have known that right from the start."

---

stupidity [stu:'pɪdətɪ] Dummheit **to blame sb. for sth.** ['bleɪm / fər] jdn. für etw. verantwortlich machen

Er wandte sich an mich. “Henry, I’m really sorry I **suspected** you.” Tony reichte mir die Hand.
Glücklicherweise hatte sich nur eine Innenseite des Sarges verfärbt, die ohnehin mit Seide ausgekleidet wurde.
Tony wischte wie in Gedanken über die Werkbank und sagte im Hinausgehen: “Henry, take care of the workbench. Could you please **sweep up** the **shavings**? I’ll go and look after the mules.”
“Thanks a lot for **taking the responsibility**”, sagte Roderick leise zu mir, nahm den kleinen Handbesen und begann die Werkbank abzufegen.
Helen schaute herein. Sie hatte bemerkt, dass es eine Auseinandersetzung gegeben hatte, und wollte nun wissen, was vorgefallen war. Gedankenverloren schob sie sich ein Stück Lindenholz in ihre Westentasche. Eigentlich hatte ich mir das Holz zum Schnitzen zurechtgelegt, aber ich sagte nichts.
Ich ging über den Hof ins Wohnhaus und nahm mir Limonade aus dem großen ***pitcher***, der immer auf dem Küchentisch stand.
“It’s getting a bit warm in here, isn’t it? What are you doing?”, fragte mich Helen.
Sie sah sehr erhitzt aus. Ich hatte mich inzwischen an ihre Hosen gewöhnt und fand den Anblick längst nicht mehr so befremdlich.
Tony hatte mir seine gesammelten Zeitungsausschnitte und Bücher mit Kurzgeschichten und Erzählungen Poes gezeigt und mir erlaubt, dass ich in meiner freien Zeit nach Herzenslust darin lesen könnte. Bisher war ich noch nicht

---

to suspect sb. [sə'spekt] jdn. verdächtigen **to sweep (swept, swept) up sth.** [ˌswiːp / ˌswept / ˌswept 'ʌp] etw. zusammenkehren **shaving** ['ʃeɪvɪŋ] Hobelspan **to take the responsibility** ['teɪk ðə rɪˌspɑːnsə'bɪlətɪ] die Schuld auf sich nehmen **pitcher** ['pɪtʃər] Krug

dazu gekommen. Jetzt jedoch hatte ich ein freies Wochenende vor mir und wollte mich an der Lektüre versuchen.

Übung 8: Setzen Sie die richtige Präposition ein.
(of (2x), by, to, about, for)

"I'm going to try to read a story written **1.** ________ Edgar Allan Poe", antwortete ich. "I don't know what the story is **2.** ________. The name **3.** ________ the story is *Metzengerstein*. Your father gave it **4.** ________ me." Es war die erste Erzählung, die mir in die Hände gefallen war, als Tony mir seine Sammlung gezeigt hatte.

Helen lachte. "Well, make sure that you don't become as **obsessed** as my father! It's **horrible**. Is there enough room in this house **5.** ________ two lovers **6.** ________ Poe?

Listen! My grandpa was a **parson**. My father was his youngest son. Unfortunately, Grandpa was very poor. He taught my father all he could at home but he couldn't afford to send him to college." Sie seufzte tief und fuhr fort: "My father reads Greek and Latin **classics** and loves literature. He likes German and English novels, but he has made his living as a carpenter. Anyhow, he likes the work."
"Oh, I don't think that the one **excludes** the other. I think

---

obsessed [əb'sest] besessen **horrible** ['hɑːrəbəl] schrecklich **parson** ['pɑːrsən] Pastor **classic** ['klæsɪk] Klassiker **to exclude sth.** [ɪk'skluːd] etw. ausschließen

you can be a carpenter and enjoy reading as well. My teacher in Germany told me to read a lot and that's just what I did. I'm very fond of horror stories, just like your father."

"Since my father met Poe a long time ago, he has been **eager** to read every story as soon as it is **published**."

Tony kannte Poe persönlich! Jetzt war ich noch interessierter.

"It's not that easy to read his stories", sagte Helen. "If you have any questions, just ask me! I'm here." Sie lächelte mir zu.

"It's very kind of you to offer", entgegnete ich.

In meiner Kammer zog ich *The Saturday Courier* aus Philadelphia vom 14. Januar 1832 aus meinem Nachttisch, legte mich auf mein Bett und begann zu lesen:

"Horror and fatality have been stalking abroad in all ages. Why then give a date to this story I have to tell?"

"Grauen und Tod gehen immer und überall um ..." – warum also sollte der Verfasser ein genaues Datum angeben? Es war nicht wichtig für diese Geschichte. Soviel hatte ich verstanden. Die Familien Berlifitzing und Metzengerstein, um die es ging, lebten seit Jahrhunderten im Streit. Aber schon bald kam ich nicht weiter:

"... the mortality of Metzengerstein shall triumph over the immortality of Berlifitzing."

Ich stand auf und ging hinüber in die Küche.

"Helen?", rief ich. "What do 'mortality' and 'immortality' mean?"

---

eager ['iːgər] begierig **to publish** ['pʌblɪʃ] veröffentlichen

"**Good gracious!**", erwiderte Helen. "In just one minute Poe has managed to **drive** him **crazy**. Listen! This is how you can check your own mortality: Climb up an old oak tree and jump down. Afterwards it's quite possible that you'll need a coffin. And then everybody except you would know about your mortality. But let's suppose that you **survived**. If you were **unhurt** and in the best of health you might be immortal and so you could try again just to make sure." Sie brach in Gelächter aus.
"Thank you, Helen, I'm grateful for your help", versicherte ich ihr. Aber zumindest kannte ich nun die Bedeutung: Die Sterblichkeit Metzengersteins sollte über die Unsterblichkeit Berlifitzings triumphieren. Metzengerstein und Berlifitzing ... ungewöhnliche Namen.
"You're welcome, Henry."
Ich las weiter. Es ging um einen uralten Familienkonflikt zwischen den Berlifitzings und den Metzengersteins. Niemand kannte mehr die Ursache, a ber jeder wusste um die uralte Prophezeiung. Die Kontrahenten waren Graf Berlifitzing, alt und krank, aber immer noch von seiner Leidenschaft für Jagd und Pferde erfüllt, inzwischen aber mehr Wort- als Degenfechter, und der junge Baron Metzengerstein. Nur wenige Tage nach dem Tod seiner Eltern steckt Metzengerstein das Schloss der Berlifitzings in Brand. Der alte Graf kommt um, als er seine Pferde retten will.
Ungefähr zur gleichen Zeit sieht der junge Baron auf einem alten Gobelin in seinem Schloss ein riesiges Pferd, das ohne Zweifel eines der Pferde Berlifitzings ist. Panik ergreift

---

Good gracious! [ˌgʊd 'greɪʃəs] Lieber Himmel! **to drive (drove, driven) sb. crazy** [ˌdraɪv / ˌdroʊv / ˌdrɪvən 'kreɪzɪ] jdn. in den Wahnsinn treiben **to survive** [sə'vaɪv] überleben **unhurt** [ʌn'hɜːrt] unverletzt

ihn, denn das Tier scheint sich zu bewegen. Wenig später erscheint auf dem Schlosshof ein feuerfarbenes Pferd; auf dem Gobelin aber ist es verschwunden. Metzengerstein glaubt an Seelenwanderung, glaubt, dass die Seele des alten Grafen von dem Pferd Besitz ergriffen hat. Von da an muss der junge Baron jede Nacht, ob er will oder nicht, mit diesem Pferd ausreiten. Und eines Nachts, als er während eines starken Sturms von einem Ausritt zurückkommt, steht sein Schloss in Flammen. Das Pferd zögerte keine Sekunde und galoppierte, Metzengerstein auf dem Rücken, mitten hinein in das Flammenmeer ...

Mich schauderte, ich mochte kaum weiterlesen, und doch konnte ich nicht aufhören.

Weißer Rauch umhüllt das Schloss, bis ein unnatürliches Licht auftaucht, während eine Rauchwolke über den Trümmern des Schlosses erschien ...*"a **colossal** figure of – a horse ..."*

Übung 9: Vervollständigen Sie die folgenden Sätze mit einem Wort, das mit "m" oder "b" anfängt.

1. Henry is now living in ________________ in the State of ________________.
2. Originally he is from a village in the ________________ Forest.
3. A man called ________________ gives him a job as a carpenter.

---

colossal [kəˈlɑːsəl] kolossal

4. In 1842 a steamboat called the ________________ exploded in the Chesapeake Bay.

5. Helen grew up without a ________________.

6. Henry has learned how to use a ________________ plane.

Mit angehaltenem Atem legte ich die Zeitung zur Seite. Da hörte ich Fitz' raue Stimme einen ***nursery rhyme*** singen:

„Baa, baa black sheep, have you any wool?
Yes sir, yes sir, three bags full.
One for my master, one for my dame,
but none for the little boy,
who ***cries*** *in the* ***lane****."*

Trotz der Wärme des Sommertags begann ich zu frösteln.

---

nursery rhyme [ˈnɜːrsərɪ raɪm] Kinderreim **to cry** [kraɪ] weinen **lane** [leɪn] Gasse

Four

"Try some biscuits and **jelly**, won't you", sagte Roderick zu mir, als wir eines Morgens allein am Frühstückstisch saßen. "Our household is completely different from any other. Helen hates baking as well as cooking, and my father's biscuits are usually left **uneaten**. I made these very early in the morning."

Mit Roderick hatte ich seit meiner Ankunft nur selten gesprochen, meistens ging er mir aus dem Weg oder war gar nicht zu sehen.

"You hardly sleep, do you?", fragte ich und aß mit großem Appetit *biscuits* mit ***strawberry jelly***. Am Abend zuvor hatten wir *chutney* aus Cranberries, die ähnlich wie Preiselbeeren schmeckten und zurzeit überall wuchsen, zu Fleisch gegessen, und ich hatte das *chutney*, zum großen Vergnügen von Helen, für Marmelade gehalten.

"It's a great pity", Roderick lehnte sich zurück, "that Helen just knows how to **dye** her shirts with cranberries. I'd like her to know about all the other things you can do with them. For example, you can use the juice to clean **wounds**." Damit hatte er meine Frage zwar nicht beantwortet, fuhr aber gleich darauf fort: "**Instead of** going to bed, I wrote an article about the Pilgrim Fathers who arrived on the coast of Cape Cod in New England in 1620. They nearly died of **starvation** but then the Indians saved them. They showed them how to plant corn, told them which fruit and

---

jelly ['dʒelɪ] Gelee **uneaten** [ʌn'iːtən] ungegessen **strawberry jelly** ['strɒːberɪ ˌdʒelɪ] Erdbeergelee **to dye sth.** [daɪ] etw. färben **wound** [wuːnd] Wunde **instead of** [ɪn'sted əv] anstatt **starvation** [stɑːr'veɪʃən] Hunger

herbs were safe to eat and taught them how to **hunt game**."
Ich entgegnete nichts, dachte aber, wie gut es doch war, dass Roderick hier, in den Vereinigten Staaten, überhaupt die Möglichkeit hatte zu schreiben, was er wollte. Mein Lehrer in Deutschland war kurz vor meiner Abreise ins Gefängnis geworfen worden wegen der Unterzeichnung eines Aufrufs, der die Meinungsfreiheit verlangt hatte.
"Anyway", nahm Roderick das Gespräch wieder auf, "my father only knows one **writer** and that writer's name is Edgar Allan Poe. Moreover, he even thinks that one of the **characters** in Poe's novel *The Fall of the House of Usher* was named after me, as a sign of their friendship."
"Couldn't it be true?", fragte ich und lehnte mich satt und sehr zufrieden mit diesem Frühstück zurück.
"I don't know, I just don't. All of us have names like characters in Poe's poems and stories." Roderick fuhr sich mit den Fingern durch das dichte, dunkle Haar. Er holte tief Luft und deklamierte das Gedicht *To Helen*. Soviel ich verstand, ging es darin um eine sehr schöne Frau, die Helen hieß. Diese Helen hatte ein klassisches Antlitz und zimtfarbenes Haar ... Dieses Bild gefiel mir.
Roderick lachte. "Oh, my poor sister! Even Pluto, the cat's name is in the story *The Black Cat*. Not one member of this family, neither **beast** nor **human escapes**."
Noch bevor ich etwas entgegnen konnte, trat Tony in die Küche.
"Looks like a nice breakfast to me, boys", sagte er, "but wouldn't it be better, Roderick, for you to work more and to

---

herb [ɜːrb] Kraut **to hunt** [hʌnt] jagen **game** [geɪm] Wild **writer** ['raɪtər] Schriftsteller **character** ['kærəktər] Romanfigur **beast** [biːst] Tier **human** ['hjuːmən] Mensch **to escape** [ɪ'skeɪp] entkommen

cook a bit less? Get down to work!" Tony war, ganz entgegen seiner sonstigen Gewohnheit, aufgekratzt und unruhig. "Writing books is hard work." Mit diesen Worten stand Roderick auf und ging hinaus.

Übung 10: Adjektiv oder Adverb? Unterstreichen Sie das richtige Wort.

1. Roderick works *(hard/hardly)*.
2. Tony is *(serious/seriously)* interested in the stories of Edgar Allan Poe.
3. Helen *(usual/usually)* wears trousers.
4. Henry can make *(good/well)* carvings.
5. Helen cooks *(bad/badly)*.
6. The mules don't walk very *(quick/quickly)*.
7. Fitz isn't very *(nice/nicely)* to his daughter Lenore.
8. Roderick is not *(sure/surely)* whether the character in *The Fall of the House of Usher* was named after him.
9. Roderick is a *(poor/poorly)* carpenter.
10. Poe writes very *(mysterious/mysteriously)* horror stories.

"Hard work, indeed, but most writers don't even **make a living** from it", rief sein Vater ihm nach. Er setzte sich nicht an den Esstisch. Seinen Kaffee trank er im Stehen und nahm dazu ein paar Bissen von einem Brötchen.
Eine Weile später saßen Tony und ich auf dem Wagen und ließen uns von den Maultieren in die Stadt ziehen. Wieder kamen wir an der Ruine vorbei, die aber im hellen Sonnenlicht jeden Schrecken verloren hatte. Nur von den Krähen, die auf den Mauerresten und in den Baumkronen hockten, ging etwas

---

to make (made, made) a living [ˌmeɪk / ˌmeɪd / ˌmeɪd ə ˈlɪvɪŋ] seinen Lebensunterhalt bestreiten

Düsteres aus. Einige flogen hoch, als wir vorbeifuhren, und begleiteten uns ein Stück mit ihrem heiseren Gekrächze.
"Tony, please tell me something about the house. Who lived here?", wollte ich wissen.
"This house has been in ruins for a long time." Tonys Stimme war deutlich anzumerken, dass ihm meine Frage nicht behagte. Ich wartete, aber er schwieg. Die Krähen waren unterdessen zu einem abgestorbenen Baum geflattert und ließen sich auf den morschen Ästen nieder.
"Ah, **distinctly** I remember it was in the **bleak** December", begann Tony plötzlich zu deklamieren. Mich schauderte. Ich wusste, die Zeile musste aus einem Gedicht von Poe stammen. Ich fragte Tony und diesmal antwortete er.
"After publishing *The Raven* in 1845, Poe became famous. Everyone knows his name now. *The Raven* **has been reprinted over and over again**."
"Why has he written so many tales and poems of horror?", wollte ich wissen.
"That doesn't surprise me. I think something terrible happened to him in his **childhood**."
"But what?"
"Poe", erklärte mir Tony, "was born in Boston in 1809. His parents were actors. One day his father disappeared without a trace. His older brother William Henry was already living with his grandparents in Baltimore. His mother and the other children still lived in Richmond where she died of **consumption** in 1811. Poe and his younger sister Rosalie

---

distinctly [dɪˈstɪŋktlɪ] deutlich **bleak** [bliːk] düster **to reprint sth.** [ˌriːˈprɪnt] etw. nachdrucken **over and over again** [ˈoʊvər n ˈoʊvər əˈgen] immer wieder **childhood** [ˈtʃaɪldhʊd] Kindheit **consumption** [kənˈsʌmpʃən] Schwindsucht

probably spent the night at the **bedside** of their dead mother before they were found the next morning."

Ich erschrak. "That's terrible, isn't it?"

"Yes, indeed. It's really horrible! A two-year-old boy and a baby." Tony sah mich ernst an. "He has never had an easy life." Er schien Mitleid, aber auch Hochachtung für den verehrten Schriftsteller zu haben.

Ich musste an Helen und Roderick denken. Auch ihre Mutter war tot. Niemand sprach über sie und doch spürte ich, dass sie anwesend war. Manchmal hatte ich Helen sagen hören, diesen Vorhang oder diese Tischdecke hat meine Mutter gemacht. Aber mehr erfuhr ich nicht. Ich wusste nicht, woran Tonys Frau gestorben war, nicht einmal, wann genau das geschehen war. Selbst Helen war nicht bereit, mir mehr zu erzählen. Manchmal fragte ich mich, ob sie selbst überhaupt mehr wusste.

Ich überlegte, ob ich Tony fragen sollte, ließ es aber sein. Genau in diesem Moment wollte er wissen, ob ich den Knochenleim eingepackt hätte. Wichtig war ihm wie immer, dass ich das Holz, das ich zuschneiden sollte, etwas großzügiger bemessen hatte. Seine Erfahrungen mit Roderick in dieser Hinsicht waren nicht die besten, und so war er auch mir gegenüber immer noch misstrauisch.

"Where are we going to?"

"Today we have to **install** some new **window frames**", sagte Tony, und ohne meine Antwort abzuwarten, fuhr er fort: "But you don't know where, do you? We are going to 3 Amity Street. By the way – it's the place where Poe used to live."

---

probably ['prɑːbəblɪ] wahrscheinlich **bedside** ['bedsaɪd] Bettkante **to install sth.** [ɪn'stɒːl] etw. einbauen **window frame** ['wɪndoʊ freɪm] Fensterrahmen

Ich war überrascht. Ausgerechnet das Haus, in dem Poe gelebt hatte ... Zum ersten Mal wünschte ich mir Pferde anstelle der Maultiere, die uns ganz sicher schneller zum Ziel gebracht hätten.

Übung 11: Sind die folgenden Aussagen über Edgar Allan Poe wahr? Kreuzen Sie die zutreffenden Sätze an.

1. ☐ He was born in Baltimore.
2. ☐ His mother died when he was very young.
3. ☐ He had a terrible experience in childhood.
4. ☐ The stories he writes are very mysterious.
5. ☐ Tony has never met Poe personally.
6. ☐ Poe's parents were actors.

Wir erreichten die Pratt Street und wieder, wie am Tag meiner Ankunft in Baltimore, war ich fasziniert von dem Leben und Treiben, das sich dort abspielte. Es war kaum zu glauben, dass hier tatsächlich eine Eisenbahn fahren sollte, so verstopft war die Straße mit Pferdefuhrwerken.
Als wir vor dem Haus in der Amity Street standen, war ich erstaunt, wie klein es war.
"It looks **cute** but it's very **cramped**. Come along, will you? The new owner of the house isn't at home. He's going to **move in** next month. But his new home isn't **furnished** yet. The whole house is empty. We can **explore** it in peace." Tony öffnete die Tür mit dem Schlüssel, den der neue Eigentümer ihm überlassen hatte, und wir traten ein.
"There's a kitchen on the **first floor**", rief Tony über die

---

cute [kjuːt] niedlich **cramped** [kræmpt] beengt **to move in** [ˌmuːv ˈɪn] einziehen **furnished** [ˈfɜːrnɪʃt] eingerichtet **to explore sth.** [ɪkˈsplɔːr] etw. erkunden **first floor** [ˌfɜːrst ˈflɔːr] Erdgeschoss

Schulter zurück, während er durch die Diele schritt. "It's not that interesting – very much like our kitchen – but when I came here to visit Mr. Poe, we often sat here and talked about life in general."
"You visited him here?" Ich wollte den Raum betreten, wurde aber von Tony zur Treppe gezogen.
"Come on!", sagte er. "Poe's room is upstairs in the **garret**. I've never seen it, but Mrs. Clemm, Poe's aunt, told me about it."
Die Treppe, die in den ersten Stock führte, war außergewöhnlich schmal.
"Welcome to the second floor. His aunt and his grandmother Elizabeth lived here." Tony hastete weiter. "Ouch!", hörte ich ihn plötzlich rufen.
"What happened?", fragte ich alarmiert und folgte ihm die Treppe hinauf.
"The stairs are **extremely** narrow and **winding**. Be careful, won't you? I**'ve** already **banged** my **head** against the **ceiling**." Er hatte einen schmalen, niedrigen Raum betreten und stand mit dem Rücken zum Fenster. "I've got a **slight** headache", sagte er und rieb sich die Stirn. "But I don't mind. How exciting to be in his room."
Ich ging zum Fenster hinüber. Es lag nicht zu der Straße hin, auf der wir gekommen waren, sondern gab einen Blick frei auf wenige Häuser und Felder.
"The view Poe had from this window was **amazing**", sagte Tony. "Even today it overlooks the fields. We're right on the

---

garret ['gærɪt] Dachboden **extremely** [ɪk'stri:mlɪ] äußerst **winding** ['waɪndɪŋ] gewunden **to bang one's head** [ˌbæŋ wʌnz 'hed] sich den Kopf stoßen **ceiling** ['si:lɪŋ] Decke **slight** [slaɪt] leicht **amazing** [ə'meɪzɪŋ] erstaunlich

edge of the city, so we are quite near to the beautiful **countryside** of Maryland as well as close to Baltimore."
"Where was his desk?", fragte ich, neugierig geworden.

Übung 12: Setzen Sie die folgenden Substantive richtig ein. *(**candles**, winter, desk, night, house, **fireplace**, daylight, **whale oil**, lamp, bar, place, room)*

"Look here. This has to be the best **1.** ____________ for a **2.** ____________." Tony deutete auf den freien Platz unter dem Fenster. "You need **3.** ____________ for reading and writing. Poe, I'm sorry to say, was so poor, that he hardly had enough money to buy **4.** ____________ or **5.** ____________ for a **6.** ____________. At **7.** ____________ he often went to a public **8.** ____________ or to a **9.** ____________ in order to continue reading or writing."

"There isn't a **10.** ____________ in this **11.** ____________. It must be very cold in here in the **12.** ____________", sagte ich.

"Look at the **chimney flue** over there. The hot air rises from the lower floors and **heats** the room. You see what I mean?

---

edge [edʒ] Rand **countryside** ['kʌntrɪsaɪd] Landschaft **candle** ['kændl] Kerze **fireplace** ['faɪrpleɪs] Kamin **whale oil** [weɪl ɔɪl] Waltran **chimney flue** ['tʃɪmnɪ fluː] Abzugsrohr **to heat sth.** [hiːt] etw. beheizen

That much is certain: this room is warm and **cosy** in winter, but in the summertime it gets very hot. Poe told me that one of the fireplaces was also used in summer to prepare meals."
Ich sah mich weiter um und ging an der Wand entlang zum Fenster, als ich einen scharfen Schmerz, fast wie ein Biss, in meinem linken Arm verspürte. Mein Hemd war zerrissen und Blut quoll aus einer Wunde.
Tony wies auf eine Stelle an der Wand: "There's the problem. There's a **nail** sticking out. He probably used it as a place to hang up his clothes – his **closet**, if you will!"
Ich lachte erleichtert. Nichts hatte mich gebissen, es war einfach der Nagel, an den Poe Hut und Jacke gehängt hatte, wenn er zu Hause war.
Tony wandte sich dem Fenster zu. "The window frames are **rotten**. It's amazing that the **panes** aren't broken."
Die Fenster waren anscheinend längere Zeit nicht mehr geöffnet worden. Vorsichtig lösten wir das Glas heraus. Das Holz, das aussah, als würde es schon beim nächsten Wintersturm zerbrechen, war so morsch, dass man es ohne viel Kraft herauslösen konnte. Ich versuchte so vorsichtig wie möglich vorzugehen, als ich plötzlich unter meinen Fingern etwas anderes als Holz spürte. Ich tastete danach und zog ein kleines Stück Papier aus dem Rahmen. Wahrscheinlich hatte irgendjemand damit das Fenster abdichten wollen.
"What's that?", fragte Tony.
"I don't know. It's just a sheet of paper."
Tony nahm es mir aus der Hand und faltete es auseinander. "It's a letter", rief er. "A letter in Mr. Poe's handwriting. I can't read all of it, but parts of it are still quite **legible**."

---

cosy ['kouzɪ] behaglich **nail** [neɪl] Nagel **closet** ['klɒ:zɪt] Schrank
rotten ['rɑ:tn] verrottet **pane** [peɪn] Scheibe **legible** ['ledʒəbəl] lesbar

Ich griff danach, denn schließlich hatte ich den Brief ja gefunden. Aber Tony gab ihn nicht mehr aus der Hand und begann zu lesen:

Balt. Novr. 18. 1831,
My Dear Pa,
I **am in** the greatest **distress** and have no other friend on earth to apply to except you. If you refuse to help me I don't know what I shall do. I was arrested eleven days ago because of a **debt** I owe ... and I am in very bad health ... If you could only send me $ 80 ... just this one time ... If you don't, all my hopes will be ruined forever – ...
Yours ... E A Poe

Langsam ließ Tony den Brief sinken. "Mr. Allan," sagte er leise, "was a man with a heart of stone. He never sent him any money. Poor Poe, how he suffered. This letter must be a **draft**."
Der Brief war an Poes Stiefvater gerichtet, denn sein Vater war, wie man erst Jahre später erfuhr, schon 1810 gestorben.
"When did you first meet him?"
"In the summer of 1831. He lived with his aunt Maria Clemm and her daughter Virginia in this house. He shared his room with his brother. I was a young man then and had been in America for six years. In the spring of that year **I set myself up in business**. Poe came to my workshop. He was arranging things for his brother's **funeral**.

---

to be in distress [biː ɪn dɪ'stres] in Not sein **debt** [det] Schuld **draft** [dræft] Entwurf **to set (set, set) oneself up in business** ['set / 'set / 'set wʌnself ˌʌp ɪn'bɪznəs] sich selbstständig machen **funeral** ['fjuːnərəl] Beerdigung

Because he was very poor, he could only afford the cheapest coffin. I recommended one made of pine. And ... Poe **was mourning** his brother's **death**, but that morning he was drunk. He spoke in a drunken voice ..." Wie um ihn zu verteidigen, fügte Tony schnell hinzu: "But he worked very hard. He wrote a lot of poems and short stories. After a while I met his aunt and cousin. They were in Baltimore for four years. I still write letters to Mrs. Clemm."
Ich wagte nicht, Tony zu unterbrechen. Als er aber schwieg, sagte ich: "I'm really **impressed** that you know him."

Übung 13: Wie hat Tony E.A. Poe kennengelernt? Unterstreichen Sie die richtige Alternative.

1. Tony met Poe in the *(summer/winter)* of 1831.
2. Poe was living with his *(cousin/wife)* Virginia.
3. Poe's brother had just *(married/died)*.
4. Poe needed to buy a *(**trunk**/coffin)*.
5. Poe was *(drinking/drunk)* when he came into Tony's workshop.
6. At that time Poe was writing *(novels/poems)*.

Wir arbeiteten schweigend weiter. Bis es dunkelte, hatten wir die morschen Fensterrahmen in mehreren Zimmern erneuert. Dann holten wir die Maultiere von einer Wiese, auf der sie grasten, und begaben uns auf den Rückweg.
Nach einer Weile sahen wir in der Ferne Lichter, die sich auf- und abbewegten, und allmählich konnten wir lautes Rufen hören und Stimmen, die durcheinander redeten. Wir hielten auf die Menschen zu.

---

to mourn sb.'s death [ˌmɔːrn / ˈdeθ] um einen Toten trauern
impressed [ɪmˈprest] beeindruckt **trunk** [trʌŋk] Schrankkoffer

“What do you think is going on? It looks like they are carrying **torches**. What’s happening there?” Tony trieb Wilson und Branby, die Maultiere, zur Eile an. Nach und nach konnten wir Stimmen unterscheiden.
“**Celebrate** the German Revolution!”, hörte ich es rufen. Jetzt erkannten wir einen großen Mann mit einer Fackel. Tony rief ihm zu: “German Revolution? Are you crazy? In Germany nothing changes. Everything will always stay the same. The clever ones are the ones who leave the country!”
“But look. The Germans are running out into the street to celebrate”, entgegnete der Mann mit der Fackel. Und tatsächlich hörten wir jetzt Rufe wie “Hoch die deutsche Revolution” zu uns herüberdringen.
Wenn das stimmte ... Ich war fassungslos vor Freude. Ich musste an meinen Lehrer denken. Vielleicht konnte auch er jetzt in einem freien Land leben.
“Don’t you believe me?”, schrie der Mann Tony zu und lachte. “Go to the **wharf** and ask there. A German ship **has** just **docked**.”
Er rannte weiter. Immer mehr Menschen kamen auf die Straße, Fackeln wurden verteilt; auch wir erhielten eine, die wir an unseren Wagen steckten.
“We’ll wait for the next ship and the ship after that”, sagte Tony nachdenklich. “If the new arrivals confirm the story, then I’ll really believe it.”
Aber ich bemerkte, dass auch er angesteckt war von der Freude und Aufregung. Er winkte mir nach, als ich mich dem Fackelzug anschloss und ihn allein auf dem Wagen sitzen ließ.

---

torch [tɔːtʃ] Fackel **to celebrate sth.** [ˈseləbreɪt] etw. feiern **wharf** [wɔːrf] Kai **to dock** [dɑːk] anlegen

Five

Eines Morgens im Oktober erwachte ich von lautem Hufgetrappel, das vor dem Haus abbrach. Ein Pferd schnaubte und gleich darauf vernahm ich Tonys wütende Stimme.

"Get off my land! And stay away from my **timberyard**. I don't want to see you or your horse here ever again."

"Don't **lose** your **temper**!" Ich erkannte die Stimme von Fitz. Nur er wagte es, mit einem Pferd auf Tonys Grundstück zu kommen.

"Back off! Get away from here right now! Get lost!!" Tony schien außer sich vor Zorn.

"I'm looking for Lenore. Is she here?", hörte ich Fitz. "She left early in the morning and I don't know where she's gone."

Tony antwortete, dass er nicht der Hüter seiner Tochter sei. Endlich hörte ich, wie Fitz davonritt, und ging nach unten.

"What was all that about?", fragte ich.

"I'm not surprised that his wife left him! He looks like something the cat **dragged in**. He's the crudest man I've ever met", entgegnete Tony. "His daughter is a nice girl and I feel sorry for her. Who will hold it against her if she leaves him as well? He's a **good-for-nothing** and that's all. Lenore does almost all the farmwork while he spends the whole day wandering around the **marshes**, gun in hand."

Ich erwiderte nichts, denn ich wusste, wenn Tony in dieser Stimmung war, hatte es wenig Zweck, mit ihm zu sprechen.

---

timberyard [ˈtɪmbərjɑːrd] Holzlagerplatz **to lose one's temper** [ˌluːz wʌnz ˈtempər] wütend werden **to drag sth. in** [ˌdræg/ ˈɪn] etw. hereinschleppen **good-for-nothing** [ˌɡʊdfərˈnʌθɪŋ] Nichtsnutz **marsh** [mɑːrʃ] Sumpf

Es war der Tag, an dem ich zum ersten Mal allein mit dem Maultierwagen Waren abholen sollte, und ich freute mich schon darauf. Danach würde ich noch Zeit haben, mich in der Stadt aufzuhalten und *Nat's Tavern* zu besuchen.
"Look at the trees. **Indian summer** in Maryland is wonderful", gab Helen mir mit auf den Weg, als ich losfuhr. Und in der Tat, die Bäume trugen Farben, wie ich sie noch nie gesehen hatte. Alles war in strahlenden Sonnenschein getaucht, obwohl es am frühen Morgen noch neblig und kühl gewesen war.
Ich fühlte mich so wohl auf meinem Sitz, dass ich ein Lied sang, das ich von Helen gehört hatte, die es wiederum von Fitz kannte. Von wem auch sonst?
Es hieß *We Won't Go Home Till Morning* und ich schmetterte los:

"*We're all met here together,*
We're all met here together,
We're all met here together,
To eat and drink good cheer;
To eat and drink good cheer;
To eat and drink good cheer;
For we won't go home till morning,
We won't go home till morning,
We won't go home till morning,
Till daylight does appear."

Mehr Strophen kannte ich nicht, aber ich sang, bis ich im Hafen angekommen war.

Indian summer [ˌɪndɪən ˈsʌmər] Altweibersommer

Übung 14: Welche Begriffe gehören zusammen? Tragen Sie den richtigen Buchstaben ein.

1. whale	☐	**a.** flue
2. black	☐	**b.** Cod
3. Indian	☐	**c.** frame
4. chimney	☐	**d.** oil
5. window	☐	**e.** raven
6. Cape	☐	**f.** summer

Zuerst besuchte ich *William's Store*. William konnte es nicht glauben, dass ich immer noch bei Tony arbeitete.
"Goodness gracious me", rief er in gespielter Fassungslosigkeit, als er mich sah, "young Henry, all alone! And just the mules for company."
Ich grinste: "Yes, they don't need me to find the way to your store."
"I think, Mule will be happy with this latest book by his favorite author."
Er reichte es mir. Will hatte recht, auf dieses Buch wartete Tony schon mehrere Wochen. Es hieß *Eureka: A Prose Poem*, war im Sommer erschienen und natürlich verfasst von Edgar Allan Poe. Ich erinnerte mich noch, wie ärgerlich Tony gewesen war, als Mrs. Clemm ihm schrieb, dass Poe es in einer Auflage von 50.000 Stück gedruckt sehen wollte, daraus aber nur 750 geworden waren.
"I'**ll wrap it** in **waxed paper**, so it won't get wet when you go back. It's usually foggy in the evenings this time of year. I suppose you're not going back immediately."
"No, I'm not", antwortete ich. "I think I'll pay Nat a visit."

---

to wrap sth. [ræp] etw. einwickeln **waxed paper** [ˌwækst ˈpeɪpər] Wachspapier

"That doesn't surprise me." Will lachte. "Nat's daughter is lovely and Mule's daughter ..." Er legte den Kopf in den Nacken und dachte einen Moment nach. "She's a **minx. To put it bluntly**, she's a **savage**!"
"She **doesn't mince her words**, but she's terribly nice", hielt ich ihm entgegen, aber er winkte ab.
"She's more terrible than nice, my poor boy."
Ich hatte genug von Will. Als ich die Maultiere antrieb, um weiterzuziehen, stand er grinsend in der Tür und sah mir nach.
Gerade als ich am *Baltimore Saturday Visitor* vorbeifuhr, trat Roderick aus dem Gebäude. Er bemerkte mich nicht und ging zielstrebig auf *Nat's Tavern* zu. Langsam stieg ich vom Fuhrwerk und folgte ihm.
Als ich eintrat, zog Roderick sich gerade einen Stuhl an einen Tisch, an dem schon vier Männer saßen, die allesamt rauer und älter wirkten als er. Roderick sah mich und winkte mir kurz zu; ich fasste das nicht als Einladung auf und setzte mich ein Stück entfernt von ihm an einen freien Tisch. Nats Tochter Beth, die ich jetzt zum ersten Mal wahrnahm, brachte mir unaufgefordert einen Bourbon. Sie war wirklich hübsch, Will hatte nicht übertrieben. Mit Helen allerdings war sie nicht zu vergleichen.
"You're the young man who's working for Mule in the workshop, aren't you?"
"Yes, I am."
"How are you doing? How's the work going?"

---

minx [mɪŋks] Biest **to put (put, put) sth. bluntly** [ˌpʊt / ˌpʊt / ˌpʊt / 'blʌntlɪ] um es offen zu sagen **savage** ['sævɪdʒ] Unmensch **to not mince one's words** [ˌnɑːt mɪns wʌnz 'wɜːrdz] kein Blatt vor den Mund nehmen

“I’m fine, thank you. And the work’s fine”, antwortete ich und schaute wieder zu Rodericks Tisch hinüber.
“You’re wondering about those guys Roderick is with, aren’t you?”, fragte sie freundlich.
“Oh, I’m sorry, I’m very **rude**”, sagte ich und spürte, wie ich rot wurde.
“Never mind! I can see you are **fascinated** by them. Have you ever heard of California?”
Das hatte ich, allerdings nur sehr wenig. Beth konnte ich allerdings nicht fragen, sie war beschäftigt. Und so tat ich etwas, das meine Mutter empört hätte: Ich lauschte. Trotz der Lautstärke in der Taverne waren die Männer gut zu verstehen.
“Not later than March”, sagte einer, und ein anderer, an Roderick gewandt: “Are you sure you don’t want to go by ship?”
Roderick nickte. “I’m perfectly sure. I’ll take the overland route to San Francisco. See you again”, sagte er und stand auf. Als er an mir vorbeiging, blieb er kurz stehen. “Don’t tell anybody you saw me here. Can I count on that?”
“Yes, you can. Anyway, I don’t know what’s going on.”
“I’ll tell you the whole story later, but, please, **don’t breathe a word to** my father.” Er sah mich noch einmal eindringlich an und ging mit schnellen Schritten hinaus.
Ich saß vor meinem Bourbon und versuchte der Unterhaltung der Männer weiter zu folgen.
“We’ll need a lot of supplies and fodder for the horses, mules and **oxen**. Everyone has to arrange it all for himself. I’m going even if it costs me my life”, sagte einer der Männer.

---

rude [ruːd] unhöflich **fascinated** [ˈfæsəneɪtɪd] fasziniert **to not breathe a word to sb.** [ˌnɑːt briːð ə ˈwɜːrd tə] jdm. kein Sterbenswörtchen sagen **ox** (*pl.* **oxen**) [ɑːks / ˈɑːksn] Ochs

Ein anderer fuhr fort: "How long will it us take to get there?"
"About eighteen months, maybe a bit less. You never know what's going to happen on the way. And it's a long way. The trek starts at Independence, Missouri. That's where the United States territory ends. Up to that point it's pretty easy. But the journey across the plains is long and dangerous. It's faster and more comfortable to go by ship, but it's a lot more expensive. I just hope California has got gold enough for all of us."
Zum ersten Mal wurde ich auf den Goldrausch – *the gold rush* – aufmerksam, der damals gerade mit aller Macht einsetzte. Aber die Männer flüsterten nun und ich konnte nichts mehr verstehen.
Beth kehrte an meinen Tisch zurück.
"A carpenter just like you found gold in California last January", erklärte sie mir. "His name is James Marshall. And now lots of people are trying their luck. Don't you want to try your luck too?"

Übung 15: Steigern Sie die folgenden Adjektive, wie im Beispiel vorgegeben.

1. It's *(fast)* faster to go by ship but it's also *(expensive)* more expensive.

2. Henry feels *(free)* ________________ in America than he did in Germany.

3. In America Henry has *(good)* ________________ opportunities of finding work than in Germany.

4. California is a *(interesting)* ________________ place than Baltimore, for a lot of people know that somebody **has discovered** gold there.

5. Mule hopes that the revolution in Germany will be *(successful)* ________________ than he thinks.

6. At the moment it is *(foggy)* ________________ in Baltimore than when Henry first arrived.

7. Edgar Allan Poe's stories are *(difficult)* ________________ for Henry to understand than E.T.A. Hoffmann's.

Ich wusste es nicht, wunderte mich aber, dass Roderick offenbar zum Goldsucher werden wollte. Eigentlich passte das nicht zu ihm. Ich trank meinen Bourbon, zahlte und ging.
Aus dem wunderbaren, strahlenden Herbsttag war inzwischen ein grauer Regentag geworden und ich war froh, dass Will mir das Buch für Tony so gut eingepackt hatte. Ich trieb die Maultiere zur Eile an; bald hatte ich die belebten Straßen Baltimores verlassen und bog in den Weg, der zu Tonys Haus führte. Eine Krähe kreiste mit heiserem Gekrächze über mir. Ich fühlte mich unbehaglich. Als ich in der Ferne die kahlen Mauern der Ruine sah, wandte ich den Blick ab. Es kam mir vor, als würden sogar Wilson und Branby, die Maultiere, den Ort meiden und schneller laufen. Nach Singen, wie noch am Morgen, war mir nicht zumute.
Im Haus angekommen, zog ich mich sofort in mein Zimmer zurück, denn ich wollte Roderick unter keinen Umständen

---

to discover sth. [dɪs'kʌvər] etw. entdecken

begegnen. Mein Blick fiel auf die Bücher, die ich von Tony bekommen hatte. Ich zog eines heraus und sah auf den Titel: *The Fall of the House of Usher*. Ich schlug es auf und begann zu lesen:

"*During the whole of a* ***dull****, dark, and soundless day in the autumn of the year, when the clouds hung ... low in the heavens ... a sense of* ***insufferable gloom pervaded*** *my* ***spirit****.*"

Was ich hier las, entsprach genau dem Gefühl, das ich auf meinem Weg von der Stadt zurück empfunden hatte. Plötzlich wollte ich nicht mehr allein in meinem Zimmer sein. Ich öffnete die Tür und hörte Helen in der Küche herumwerkeln.
"Helen, please tell me", rief ich, "what does 'a sense of insufferable gloom' mean?"
"Oh, it's the feeling I get when I see a dead fish lying on the kitchen table: bleakness."
Ich verstand nicht, was sie mir sagen wollte. Ich würde mich wohl durch diese Geschichte selbst hindurchkämpfen müssen. ***Vacant*** *and eye-like windows* hieß es da – unwillkürlich dachte ich an die Ruine, an der ich gerade vorbeigefahren war. Ich las weiter.

"*The windows were long, narrow, and* ***pointed****, and at so* ***vast*** *a distance from the black* ***oaken floor*** *as to be* ***altogether inaccessible*** *from within.*"

---

dull [dʌl] eintönig **insufferable** [ɪn'sʌfərəbəl] unerträglich **gloom** [glu:m] Düsterkeit **to pervade sth.** [pər'veɪd] etw. durchdringen **spirit** ['spɪrɪt] Seele **vacant** ['veɪkənt] leer **pointed** ['pɔɪntɪd] spitz **vast** [væst] groß **oaken floor** [ˌoʊkən 'flɔ:r] Eichenboden **altogether** [ˌɒ:ltə'geðər] völlig **inaccessible** [ˌɪnək'sesəbəl] unerreichbar

Der Erzähler der Geschichte besucht seinen kranken Freund Roderick Usher und bemerkt schon beim Eintreffen, dass die Gegend um das Haus herum und das Haus selbst einen düsteren, ja geradezu verfallenen Eindruck machen. Roderick Usher befindet sich offenbar im Zustand des Wahnsinns. Madeline, die Schwester Rodericks, siecht an einem undefinierbaren Leiden dahin und stirbt. Sie wird in die Familiengruft im Gewölbe des Hauses gebracht.
Ich las die letzte Passage noch einmal, und endlich begriff ich, was in einer Sturmnacht mit Madeline geschehen war. Roderick Usher schrie "Madman!" und Lady Madeline erschien in der Tür.

"*There was blood upon her white* ***robes*** *...*",

las ich entsetzt. Madeline war nur scheintot und hatte sich aus dem Grab befreit! Sie stürzte nach dieser Anstrengung vollkommen geschwächt zu Boden, riss den Bruder mit sich in den Tod. Ein blutroter Mond stand über dem Haus Usher, der durch einen Riss in der Hausmauer sichtbar wurde. Der Spalt erweiterte sich und ein Wirbelsturm zog heran. Die Mauern barsten –

"*... and the deep and* ***dank tarn*** *at my feet closed* ***sullenly*** *and silently over the fragments of the House of Usher.*"

Entsetzen ergriff mich. Ich sagte mir, dass dies nur eine Geschichte war, eine Schauergeschichte zwar, aber eben nur

---

robe [roʊb] Gewand **dank** [dæŋk] *hier:* dunkel **tarn** [tɑːrn] Teich
sullenly [ˈsʌlənlɪ] finster

eine Geschichte ... Und doch musste ich wieder an die Ruine hier in der Nähe des Hauses denken.

Übung 16: Benennen Sie die Gegensätze. Tragen Sie den richtigen Buchstaben ein.

1. dark	☐	**a.** dead
2. long	☐	**b.** worst
3. rough	☐	**c.** immortal
4. alive	☐	**d.** light
5. best	☐	**e.** expensive
6. cheap	☐	**f.** calm
7. mortal	☐	**g.** short

Jetzt, da es Herbst war und die Blätter an den Bäumen sich lichteten, war sie sogar in weiter Entfernung von meinem Fenster aus zu sehen. Ich blickte hinaus und glaubte einen matten Lichtschein in dem verfallenen Gebäude zu erkennen. Da hörte ich plötzlich Rodericks Stimme – die Stimme des wirklichen Roderick, der durch das Haus rief. “Here is a message for all people living in this house. Please open your door and your windows at once. Helen burned the fish she was cooking. We have to clear up the **mess**. But first, come and sit down, will you? Enjoy your meal.”
Sein Lachen hörte sich weder gespenstisch noch wie aus einer anderen Welt an – es war einfach nur Roderick Stone, der sich über seine Schwester lustig machte, die sich aber zu wehren wusste und mit einem Küchentuch hinter ihm herrannte.

---

mess [mes] Schweinerei

Six

Was passt besser zu einem grauen Sonntagnachmittag im November als Edgar Allan Poes Geschichte *The Masque of the Red Death*? Tony hatte sie mir empfohlen.
"This story was written in 1842. His wife Virginia had shown the first symptoms of illness. She was suffering from **tuberculosis** and died in 1847. Poe had had deep and **tender** feelings for her." Er erzählte mir weiter, dass Poe seine Cousine Virginia, die Tochter seiner Tante Maria Clemm, im Jahre 1836 geheiratet hatte.
Ich glaubte, dass auch Tony immer noch unter dem Tod seiner Frau Eleonor litt, wusste aber bisher immer noch nichts über die Umstände, die zu ihrem Tode geführt hatten. Ich hatte bislang nicht gewagt, Tony nach ihr zu fragen, und Helen und Roderick wichen mir aus, wenn ich das Gespräch auf ihre Familie brachte.
Helen forderte mich auf, *Die Maske des Roten Todes* vorzulesen.

"The 'Red Death' had long ***devastated the country****. No* ***pestilence*** *had ever been so* ***fatal*** *... But Prince Prospero was happy ..."*

"Prince Prospero doesn't want to give up his love", erklärte Helen. "I know this story well. He wants to escape the plague, so he orders **mighty** walls to be built around his

---

tuberculosis [tuːˌbɜːrkjəˈloʊsəs] Tuberkulose **tender** [ˈtendər] zärtlich **to devastate the country** [ˈdevəsteɪt ðə ˈkʌntrɪ] *hier:* im Lande wüten **pestilence** [ˈpestələns] Pest **fatal** [ˈfeɪtl] tödlich **mighty** [ˈmaɪtɪ] mächtig

castle. One night he celebrates a **masked ball**, which is held in seven rooms. Each room has the same **hangings**, but in different colors. Only the last room has **scarlet** panes. It's **gloomy** and dark. **Weird shadows** from the light of an open fire dance across the walls. A **gigantic** long **case clock** strikes midnight, when the people at the masked ball suddenly feel ..."
Helen hielt inne und nahm mir das Buch aus der Hand.
"And here's my favorite passage of this story. Read it Henry, will you?"
Ich las weiter.

"... the presence of a masked figure ..."

Es war grauenhaft. Die Menschen, die in den letzten Raum kamen, standen einem Fremden gegenüber, der erst ihren Unmut erregte, ihnen dann aber Furcht, Grauen und Abscheu einflößte.
"Yes! Terror, horror and **disgust**." Helen war allem Anschein nach begeistert, sagte dann aber: "His **appearance** causes alarm. He is tall and covered in blood. His face is scarlet ..."
Ich ließ das Buch sinken.
"Prince Prospero wants to arrest the stranger", fuhr Helen fort, "but nobody can catch him. Prospero follows him through the seven rooms, and finally **corners him** in the last

---

masked ball [ˌmæskt ˈbɔːl] Maskenball **hanging** [ˈhæŋɪŋ] Wandbehang **scarlet** [ˈskɑːrlət] scharlachrot **gloomy** [ˈgluːmɪ] düster **weird** [wɪrd] merkwürdig **shadow** [ˈʃædoʊ] Schatten **gigantic** [dʒaɪˈgæntɪk] riesengroß **case clock** [ˈkeɪs klɑːk] Schrankuhr **disgust** [dɪsˈgʌst] Abscheu **appearance** [əˈpɪrəns] Erscheinung **to corner sb.** [ˈkɔːrnər] jdn. stellen

room. He tries to kill him, but suddenly the stranger turns around. Prospero cries out in horror and falls down dead."
Ich las nun den Schluss:

"And now ***was acknowledged*** *the presence of the Red Death."*

"And darkness and the red death control everything", sagte Helen ernst. "You see, nobody can escape their **destiny**. Thousands of **inhabitants** died in 1831 when cholera broke out in Baltimore."
Draußen hörten wir die raue Stimme von Fitz, der nach seiner Tochter rief. "Lenore, where are you? What on earth is the matter with her? Lenore, come here!"
Helen ging hinaus. "She isn't here", fuhr sie Fitz an. "I don't know where she is. But I think wherever she is, she's better off there than with you."
"Don't **be fresh with** me, girl. If you were a boy, I'd **give** you **a** good **punch in the nose**", fauchte Fitz wütend zurück.
"I'm sure you**'ve** never **beaten** your daughter, but I know it's impossible to live with you, so I hope that Lenore never comes back."
"When will *you* leave home?", murmelte Fitz und ging davon.
Tony trat zu uns in die Küche. "It's good for him that he has gone, otherwise I would have broken every bone in his body", sagte er finster.

---

to acknowledge sth. [ə'knɑːlɪdʒ] etw. erkennen **destiny** ['destənɪ] Schicksal **inhabitant** [ɪn'hæbətənt] Einwohner **to be fresh with sb.** [biː 'freʃ wɪð] jdm. frech kommen **to give sb. a punch in the nose** ['gɪv / ə ˌpʌntʃ ɪn ðə 'noʊz] jdm. eins aufs Maul hauen **to beat (beat, beaten) sb.** [biːt / biːt / 'biːtn] jdn. schlagen

Übung 17: Fügen Sie "every" oder "no" oder "any" oder "a few" ein.

1. Henry hasn't read ____________ poem or story written by Poe.
2. Mule has ____________ horses but he does have ____________ mules.
3. You don't need ____________ herbs to bake a cake but you do need ____________ eggs.
4. Helen can only speak ____________ words of German.
5. ____________ tree in Baltimore is colorful during Indian Summer.

Helen lachte, aber ich wusste, dass man Tony heute besser aus dem Weg ging. Eine Weile später spannte er die Maultiere an und fuhr davon.
Kurz darauf sah ich, wie auch Roderick das Haus verließ. Ich weiß noch immer nicht, wie und warum ... aber unter dem Vorwand, noch etwas in der Werkstatt richten zu müssen, ließ ich Helen im Haus zurück und folgte ihrem Bruder.
Roderick schlug den Weg zur Stadt ein, wich aber nach kurzer Zeit von der Straße ab und verschwand zwischen den Bäumen. Ich wartete eine Weile und ging dann auf die Stelle zu, an der ich ihn zuletzt gesehen hatte. Dort stieß ich auf einen schmalen Pfad, der zu beiden Seiten von Dornenhecken gesäumt war.
Der Weg führte zu der Ruine. Er sah aus, als würde er regelmäßig benutzt. Pfützen hatten sich gebildet. Das Gras war

heruntergetreten und einige Zweige der Hecke abgebrochen. Noch nie zuvor war mir dieser Pfad aufgefallen, obwohl ich meinte, die nächste Umgebung des Hauses inzwischen recht gut zu kennen. Von weitem, im trüben Tageslicht, wirkte die Ruine weit weniger erschreckend als in der Dämmerung.
Ich erblickte Roderick ein gutes Stück vor mir auf dem Weg, er ging direkt auf das verfallene Gebäude zu. Plötzlich verlor ich ihn aus den Augen. Ich verbarg mich hinter hohem Gestrüpp und schlich langsam näher. Da hörte ich die Stimmen von Roderick und Lenore und vorsichtig spähte ich durch die dornigen Zweige. Lenore schien schon eine Weile gewartet zu haben. Sie stand an eine Wand gelehnt und streckte Roderick beide Hände entgegen. Zwei Pferde grasten friedlich neben ihr.
"I'm so glad to see you", begrüßte sie ihn.
"I am glad to see you too", entgegnete er. "It's a fine day. Let's go for a ride."
Sie griff nach den Zügeln. "Yes, but we have to be careful. The ground is wet and **slippery** and you aren't a good rider yet. But you learn quickly." Mit diesen Worten stieg Lenore auf eines der Pferde, Roderick folgte ihrem Beispiel und beide ritten davon.
Ich sah ihnen eine Weile nach, bis sie sich im aufsteigenden Nebel verloren. Dann betrat ich die Ruine.
Nur noch die Vorderfront war erhalten geblieben; es war genau der Teil des ehemaligen Hauses, den man von der Straße aus sehen konnte. Dahinter standen Mauerreste, vielleicht zwei Meter hoch, die gezackt in den Himmel ragten, aber dennoch ein Viereck ergaben. Das Dach fehlte gänzlich und jetzt begriff ich auch, warum die Sonne in der Abenddämmerung

---

slippery ['slɪpərɪ] rutschig

direkt durch die oberen Fensterlöcher scheinen konnte. Wind kam auf, dunkle Wolken jagten über den Himmel, formten Bilder, die sich auflösten und wieder zu neuen Figuren wurden. Gebannt sah ich hinauf. Meine Mutter hätte allen Grund gehabt, sich über den Träumer, der ich war, zu ärgern. Da raschelte es leise über mir. Eine Krähe putzte sich das Gefieder. Unwillkürlich ging mir die zweite Strophe des Gedichts *The Raven* durch den Kopf, das ich mittlerweile so oft von Tony gehört hatte, dass ich es auswendig wusste:

"Ah, *distinctly I remember it was in the bleak December;*
And each separate dying ***ember wrought*** *its* ***ghost*** *upon the floor.*
Eagerly I wished the ***morrow; – vainly*** *I had sought to borrow*
From my books ***surcease*** *of* ***sorrow*** *– sorrow for the lost Lenore –*
For the ***rare*** *and* ***radiant maiden*** *whom the angels name Lenore –*
Nameless here *for evermore.*"

Noch war es nicht Dezember, aber der Nebel schuf eine unwirkliche Stimmung. Ich wünschte mir zwar nicht den Morgen herbei und würde auch heute Abend noch lesen können, aber dass Lenore noch unter uns weilte, hatte ich gerade gesehen. Sie sah vielleicht aus wie ein Engel, aber sie war sehr lebendig, als sie mit Roderick davonritt.

---

ember ['embər] Glut **to wreak sth. (wrought, wrought)** [ri:k / rɒ:t / rɒ:t] *hier:* etw. schaffen **ghost** [goʊst] *hier:* Geisterlicht **morrow** ['mɔ:roʊ] Morgen **vainly** ['veɪnlɪ] umsonst **surcease** [sɜ:r'si:s] *hier:* Trost **sorrow** ['sɑ:roʊ] Sorge **rare** [rer] *hier:* verloren **radiant** ['reɪdɪənt] strahlend schön **maiden** ['meɪdn] Mädchen

Der Nebel wurde dichter und mir erschien die Luft in der Ruine mit einem Male schwer und träge. Die Wolken am Himmel konnte ich nicht mehr erkennen. Die Krähe flog krächzend davon.
Ich sah mich genauer in der Ruine um und entdeckte zwischen all dem Grau der Steine und dem gelb gewordenen hohen Gras einen farbigen Fleck. Ich ging darauf zu und fand einen Herbstblumenstrauß, der auf einem Stein abgelegt war. Darüber stand eine heruntergebrannte Kerze. Der gesamte Stein war mit Kerzenwachs bedeckt. Ganz offensichtlich war hier nicht nur ein Strauß abgelegt worden. Ich sah verwelkte Rosen und Astern und der Menge des Wachses nach zu schließen, mussten hier schon viele Kerzen entzündet worden sein.
Ich zuckte zurück. Der Ort erschien mir mit einem Male wie ein riesiges Grab. Mir war, als hätte ich ein Geheimnis entdeckt, das verborgen bleiben sollte, und fühlte mich ertappt. Die Dämmerung brach herein und ließ mich seltsam beklommen werden. So schnell ich konnte, trat ich den Rückweg an. Die Zeile aus der Geschichte *The Fall of the House of Usher*, die ich zuvor gelesen hatte, trieb mich zusätzlich voran. Ich achtete weder auf Zweige, die mir ins Gesicht schlugen, noch auf den Weg, der durch den tagelangen Regen aufgeweicht und glatt war. Einmal glitt ich aus, fiel in den Schlamm, kam wieder hoch und erreichte endlich atemlos das Haus.
"What's the matter with you?" Helen sah mich fragend an. "Have you seen a ghost?" Ich stammelte etwas vor mich hin und versuchte, in mein Zimmer zu kommen.
"Where have you been?", fragte sie misstrauisch, "your hair is a mess and your face **is bleeding**. Where have you been?"

---

to bleed [bli:d] bluten

"I went for a walk and **slipped** in the **mud**. Don't worry about me, I'm all right."
Damit ließ ich sie stehen und schloss die Tür hinter mir. Mein Herz schlug laut und pochend.

Übung 18: Bringen Sie die Wörter in den folgenden Sätzen in die richtige Reihenfolge.

1. Henry ruin the to Roderick followed.

   ____

2. He the Lenore noticed ruin that hiding was in.

   ____

3. Roderick her talking to started.

   ____

4. They horses two rode on away.

   ____

5. Henry Tony's back walked house to.

   ____

6. Helen a mess looked that said he.

   ____

Ich zog mir saubere Kleider an, setzte mich an mein Fenster und sah in den Nebel hinaus. Es war dunkel; der Wind, der vor einer Stunde noch die Wolken über den Himmel getrieben hatte, war abgeflaut; kein Blatt bewegte sich mehr. Als es

---

to slip [slɪp] ausrutschen **mud** [mʌd] Matsch

ganz finster geworden war, hielt ich es nicht mehr in meinem Zimmer aus. Meine Kerze war heruntergebrannt und um nichts in der Welt wollte ich allein im Dunkeln sitzen. Ich ging ins Wohnzimmer. Helen und auch Roderick saßen lesend an dem runden Tisch, auf dem eine Petroleumlampe stand.
“Look at Henry”, sagte Helen spöttisch zu ihrem Bruder, “he is wounded. And he just went for a little walk.” Roderick sah mich prüfend an, sagte aber nichts.
“How about something to eat? I’ve asked Roderick to cook something”, sagte mir Helen. Ich nickte erfreut, denn Roderick kochte gern und gut.
“But you have to help in the kitchen, Helen.” Roderick war unerbittlich. “Get some flour and **peel** some onions, will you?”
“Onions? No, not me! That’s Henry’s job.” Helen versuchte, mich in die Küche zu ziehen.
“I really need a candle”, sagte ich schnell und wand mich aus ihrem Griff. Zwiebelnschneiden war mir einfach zuwider.
“You can find one in the **storage room**. But take the **candlestick** with you. It’s dark in there”, gab Helen nach und deutete auf die kleine Tür unter der Treppe. Dann folgte sie ihrem Bruder in die Küche. Gleich darauf erklang ihr helles Lachen und ich hörte Roderick sagen: “Well, you’ve persuaded me to cut the onions.”
In der Vorratskammer sah ich mich nach den Kerzen um. ***Preserving jars*** mit *vegetables* und *fruits*, wie ***plums***, ***applesauce***, *green beans* und *corn*, standen hier in Reih und Glied. Die Gläser glänzten im Kerzenschein und ich bekam

---

to peel sth. [pi:l] etw. schälen **storage room** ['stɔ:rɪdʒ ru:m] Vorratskammer **candlestick** ['kændlstɪk] Kerzenhalter **preserving jar** [prɪ'zɜ:rvɪŋ dʒɑ:r] Einmachglas **plum** [plʌm] Pflaume **applesauce** ['æplsɔ:s] Apfelmus

Appetit, aber sie waren für den Winter gedacht, der schon vor der Tür stand. Ich fand die Schachtel mit den Kerzen, griff danach und stieß dabei eine Kerze hinter das Regal. Als ich mich auf den Boden legte und nach ihr tastete, hoffte ich, dass sie nicht zerbrochen war. Schließlich bekam ich sie zu fassen und fühlte dabei noch etwas anderes, einen sperrigen Gegenstand, den ich, neugierig geworden, herauszog. Er war in Packpapier eingeschlagen und voller Staub. Zuerst wollte ich ihn einfach wieder zurückfallen lassen, aber meine Wissbegierde siegte. Vorsichtig wickelte ich das Packpapier ab. Darunter kam etwas Dunkles zum Vorschein, und erst nachdem ich eine weitere Kerze entzündet hatte, sah ich, dass es ein Gemälde war. Ein riesiges rötliches Pferd, das aussah wie einem Flammenmeer entstiegen, starrte mich mit wilden Augen und entblößten Zähnen an.
"Metzengerstein", flüsterte ich und schob das Bild, so schnell ich konnte, wieder unter das Regal. Zurück in meinem Zimmer atmete ich schwer und die Kerze in meiner Hand flackerte. Ich holte die Zeitung hervor, in der *Metzengerstein* abgedruckt war. Und da stand es:

"The eyes, before ***invisible*** *...* ***distended*** *lips ...* ***enraged*** *horse left in full view his* ***sepulchral*** *and disgusting teeth."*

Ich ließ die Zeitung sinken. "*Stone – Metzengerstein. Fitz – Berlifitzing*", flüsterte ich heiser.
In dieser Nacht schlief ich schlecht und hatte Albträume. Riesige Krähen jagten mich in eine Ruine, die zu einem Labyrinth geworden war, aus dem es kein Entkommen

---

invisible [ɪn'vɪzəbəl] unsichtbar **distended** [dɪs'tendɪd] aufgeworfen
enraged [ɪn'reɪdʒd] wütend **sepulchral** [sə'pʌlkrəl] düster

gab. Tony ritt auf dem feuerfarbenen Pferd hinter mir her und trieb mich immer weiter in die Irre.

Am nächsten Morgen machte ich mich müde und zerschlagen auf dem Weg zu *William's Store*, um Post und Waren abzuholen. Immer noch grübelte ich über *Metzengerstein* nach. Der Gedanke, dass ein Teil von Tonys Leben in die Geschichte eingeflossen zu sein schien, ließ mich nicht los. Wann genau hatten Poe und Tony sich kennengelernt? Vor dem Erscheinen der Geschichte oder erst hinterher? Ich nahm mir vor, im *Baltimore Saturday Visitor* nachzuforschen. Sicher gab es dort ein Archiv.

"Where are you going?" Fitz war neben mir aufgetaucht und zügelte sein Pferd, damit es sich dem Tempo der Maultiere anpasste.

"I'm going to *William's Store* and to the *Visitor* to ask about their archives. I want to do some **research**."

"Research?" Fitz sah mich wissend an. "Are you interested in Poe?"

"Yes. How do you know?"

"I think, this interest **runs in the family**."

"Do you know Poe too?", fragte ich, einer plötzlichen Eingebung folgend.

"Yes, I got to know him through Tony." Er dachte einen Moment nach. "But I haven't met him more than twice."

"When did you meet Tony for the first time?"

"It was in 1831, just after he became my neighbor. We became good friends soon after. Both of us loved horses and Tony's wife gave it to her."

"Tony loved horses? Are you sure?", fragte ich erstaunt.

---

research ['rɪːsɜːrtʃ] Nachforschungen **to run (ran, run) in the family** [ˌrʌn / ˌræn / ˌrʌn ɪn ðə 'fæməlɪ] in der Familie liegen

"Yes, indeed he did. He kept the best and most beautiful horses in Maryland up to the end of 1832."
"I can't believe it. He hates horses."
"In the winter of 1833 he got mules instead. All his horses disappeared and our friendship broke up."
Ich verstand nicht. "What happened during that winter?", fragte ich.

Übung 19: Setzen Sie die folgenden Fragewörter richtig ein. *(Why, How, When, Which, Who, Where)*

1. ______________ are you going?

I'm going to visit the archives.

2. ______________ are you visiting the archives?

To do some research.

3. ______________ are you researching?

I'm researching Poe.

4. ______________ did you meet Tony?

I met him in 1831.

5. ______________ did you meet Poe?

I met him through Tony.

6. ______________ animals did Tony keep before 1833?

He kept horses.

"I don't know exactly", sagte Fitz mürrisch, bevor er sein Pferd wieder antrieb. "All I know is that Eleonore died in the winter of 1832. Maybe there's some connection."

Seven

Wochenlang ließ mich das Bild des feuerfarbenen Pferdes nicht los, aber ich sprach mit niemandem darüber. Seitdem ich das Gemälde gesehen hatte, war mein Interesse an Poe noch gestiegen; ich las in jeder freien Minute. Kurz vor Weihnachten fand ich in *Burton's Gentleman's Magazine* aus dem Jahre 1840 sein *Sonnet – Silence*, dessen Bedeutung mir nicht recht klar wurde. Soviel verstand ich: Poe vertrat die Ansicht, das Schweigen sei der Tod des Körpers, und das stellte er dem Tod der Seele gegenüber.

Obwohl in der Familie, in der ich jetzt lebte, viel verschwiegen wurde, war sie doch sehr lebendig.

Roderick schaute mir über die Schulter. "It isn't a sonnet at all. A real sonnet has fourteen lines, this one has fifteen", sagte er.

"Oh, Roderick", lachte Helen, "don't be so fussy! One line more or less ... what's the difference?"

"How dare you say that?" Roderick warf sein Buch zur Seite. "You should know better."

"Don't be such a **killjoy**, Roderick. It's a very good poem and you know it." Helen wandte sich wieder zu mir.

Ich sah zu Tony hinüber, der zu allem schwieg und uns mit einem rätselhaften Gesichtsausdruck ansah, so als wäre er weit entfernt. Und doch wusste ich, dass er jedes Wort verfolgte, das gesprochen wurde. Er war schon seit Wochen schweigsam und unzugänglich. Noch einige Tage zuvor hatte Helen zu mir gesagt: "December is a depressing month for all of us. It's the month my mother died. My father is in a bad mood ... I wish he would talk to us about our mother. But he never does."

---

killjoy ['kɪldʒɔɪ] Spielverderber

Ich selbst dachte oft an meine Mutter, die nun das Weihnachtsfest alleine verbringen musste. Ich sehnte mich nach ihr, den schneebedeckten Tannen, dem zugefrorenen Waldsee und dem Duft des Weihnachtsgebäcks. Vor ein paar Tagen hatte ich an einer Truhe für eine junge Frau gearbeitet, die Tannenzweige als Schnitzereien auf dem Deckel wünschte. Als ich fertig war, ergriff mich ein solches Heimweh, dass ich allein sein wollte. Ich lief über die Wiesen und Felder und kam auf dem Rückweg an der Ruine vorbei. Da sah ich, wie Tony auf dem verborgenen Pfad entlanglief, der von dem verfallenen Gebäude wegführte. Zwei Krähen saßen bewegungslos in den Ästen der Bäume. Es war ein trauriger und trostloser Anblick.

Im Kamin knisterte ein Holzscheit und ich tauchte aus meinen Gedanken auf. Mein Blick fiel auf das Buch, das aufgeschlagen vor mir lag. Eine Zeile sprang mir ins Gesicht: *a double life*. Gab es noch ein anderes Leben Tonys? Ein Leben, von dem niemand etwas ahnte? Ich erschrak, als ich merkte, dass Tony mich prüfend ansah. Fast hatte ich den Eindruck, als wolle er mir etwas mitteilen, da klopfte es leise an die Tür.

Roderick öffnete und vor uns stand Lenore, sehr blass im Gesicht, eine große Tasche neben sich. Helen nahm ihr sofort ihren Umhang und die Tasche ab und zog sie in einen Sessel. “Would you like some tea?”

“Yes, please.” Nachdem Lenore die ersten Schlucke Tee getrunken hatte, sah sie Tony an und fragte: “May I stay at your house just for tonight?”

“So, you’ve left your father! Great. Well done, Lenore! I’m proud of you.” Helen setzte sich auf die Lehne des Sessels und wollte gerade etwas fragen, aber ihr Vater mahnte:

"Keep quiet, Helen. Lenore **has asked** us **a favor**." Er wandte sich an Lenore: "Of course, you can stay with us. Helen will share her room with you."
"Stay here as long as you want. I'd be very glad to have another woman in this household." Helen sprang auf und umarmte Lenore.
"Now just sit down and drink your tea, Lenore", sagte Tony. "And tell us why you left your father."
Lenore sah immer noch sehr angespannt und blass aus. Die Geschwister standen rechts und links von ihr, als wollten sie sie stützen. Lenore stellte ihre Teetasse ab und begann zu erzählen: "Anne Heyes told my father that I had visited a Quaker family, a family that helps **slaves** go north to freedom. She saw me coming out of that family's house."
"Anne Heyes?" Wieder war es Helen, die als Erste das Wort ergriff. "Anne Heyes, the **gossip**. The biggest **tattletale** in all of Maryland? Your father must be a **birdbrain** to believe her."
"He didn't believe her, but he asked me to tell him the truth. And I told him that I had been there. I didn't want to leave my father. *He* was the one that turned *me* out", antwortete Lenore einfach. "The members of this Quaker family are **abolitionists**. My father hates abolitionists", wandte sie sich an mich, weil sie meinen verständnislosen Blick bemerkt hatte.
"Abolitionists?", fragte ich. Ich konnte mir nichts darunter vorstellen.
"They are against **slavery**. Just like us", erklärte Helen.

---

to ask sb. a favor [ˌæsk / ə ˈfeɪvər] jdn. um einen Gefallen bitten **slave** [sleɪv] Sklave **gossip** [ˈgɑːsɪp] Tratschtante **tattletale** [ˈtætlteɪl] Klatschmaul **birdbrain** [ˈbɜːrdbreɪn] Spatzenhirn **abolitionist** [ˌæbəˈlɪʃənɪst] Gegner der Sklaverei **slavery** [ˈsleɪvərɪ] Sklaverei

"But I've never seen slaves on Fitz's farm." Jetzt war ich völlig durcheinander.
"I refused to have slaves. That means I do all the work. We can't afford farmhands", erklärte Lenore.
"To cut a long story short, Henry, Maryland is right between the North and the South", ergriff Roderick das Wort. "In the South there are large **plantations** where they grow tobacco and cotton. They couldn't exist without slaves, at least that's what they say. In the North black people are paid for their work. Many slaves from the South run away and are supported by families in Maryland so that they can find their way to the North. Maryland also guarantees freedom of religion. It was the first and only Catholic colony amongst Protestant colonies. People with other religious **backgrounds** come to Maryland for some peace."
Helen unterbrach Roderick: "For nearly two hundred years we've followed the 'Maryland Tolerance **Act**'. I know parts of it **by heart**. It says that no person should discriminate against any other. This law treats all people the same way, whether they are Jesuits, Papists, Lutherans, Calvinists, Separatists. It doesn't matter what your religion is."

Übung 20: Sind die folgenden Sätze wahr? Kreuzen Sie die zutreffenden Aussagen an.

1. ☐ Fitz keeps slaves on his farm.
2. ☐ Quaker families help slaves.
3. ☐ Lenore visited a Quaker family.
4. ☐ Anne Heyes is a Quaker.

---

plantation [plænˈteɪʃən] Plantage **background** [ˈbækgraʊnd] Hintergrund **act** [ækt] Gesetz **by heart** [baɪ ˈhɑːrt] auswendig

5. ☐ Maryland **is located** between the North and the South of the United States.
6. ☐ Maryland has a history of religious tolerance.
7. ☐ An abolitionist wants to keep slaves.
8. ☐ Tony's family is against slavery.

"Enough! Enough! By the way, my dearest Helen, you left out a few groups", sagte Roderick.
Helen grinste. "Stop that! Don't be silly! You're being as **narrow-minded** as ever!"
"Yes, you are perfectly right, Helen", fuhr Roderick fort, ohne auf Helens Vorwurf einzugehen. "This paragraph from our 'Tolerance Act' guarantees religious freedom and a person who behaves intolerantly will be punished."
"Can I get a copy of this act? I want to send it to my English teacher in Germany. I think, he'll be very interested in it."
Ich war mir sicher, dass ihm dieses Gesetz aus dem Herzen sprechen würde.
"Sure." Roderick und Helen boten mir an, es für mich abzuschreiben.
"Ladies and Gentlemen, I'**m starving**", verkündete Helen unvermittelt, "Now let's cook a good meal."
"I get your point." Roderick lachte. "Let's get cooking! Everyone except Helen, that is."
"Helen can tell us what to cook", beeilte sich Lenore zu sagen. "I'd love to help you."
"**Too many cooks spoil the broth.**" Tony griff nach einem Buch. "I enjoy good food, but I don't think you need my help."

---

to be located [biː ˈloʊkeɪtɪd] liegen **narrow-minded** [ˌnæroʊˈmaɪndɪd] engstirnig **I'm starving.** [aɪm ˈstɑːrvɪŋ] Ich bin am Verhungern. **Too many cooks spoil the broth.** [ˈtuː menɪ ˌkʊks spɔɪl ðə ˈbrɒːθ] Viele Köche verderben den Brei.

"It's marvellous that you're staying with us." Mit diesen Worten nahm Helen Lenore an die Hand und zog sie in die Küche. "Henry and Roderick, come along too!"
"I already fear the worst", flüsterte ich Roderick zu, als wir hinter den beiden Frauen die Küche betraten.
"I hope Helen isn't only happy to have Lenore here just because she's such a good cook", flüsterte Roderick.
Helen nahm das handgeschriebene Kochbuch ihrer Mutter von einem Brett über dem Herd. "We are making **johnny-cakes** and **appleade**, aren't we? I've got some wonderful old colonial recipes. Are we all in agreement?"
Niemand wagte zu widersprechen. Mir war nicht ganz klar, warum ich in der Küche stand, aber das erfuhr ich sofort.
"First of all we have to prepare the appleade because it has to cool down before we can drink it."
Roderick meinte süffisant: "Helen knows her stuff! She can read a cookbook!"
"Take the knife, Henry", forderte Helen mich auf, ohne ihren Bruder zu beachten, "and now wash, **core** and cut four large apples into pieces, but don't peel them. Meanwhile, Rod, boil two liters of water."
"Are we allowed to **swap** jobs, Helen?" Ohne eine Antwort abzuwarten, nahm Roderick mir das Messer aus der Hand und griff sich einen Apfel; das Wasser hatte er schon aufgesetzt.
"Pass me a pot, please", flüsterte er mir verschwörerisch zu, und ich war froh, gleich mehrere davon über dem Herd zu entdecken. Schnell nahm ich einen und wollte ihn Roderick reichen.
"Not that one", mischte sich Helen ein, "take a larger pot and put the apples into it."

---

johnnycake ['dʒɑːnɪkeɪk] Pfannkuchen **appleade** ['æpleɪd] Apfelsaft **to core sth.** [kɔːr] etw. entkernen **to swap** [swɑːp] tauschen

“I feel absolutely useless”, kam es da von Lenore. “What can I do? Shall I pour the hot water over the apples?”
“Yes put it to one side for about fifteen minutes.” Helen blätterte im Kochbuch. “And now we’ll prepare the johnnycakes. Henry, will you please beat two eggs and **stir in** three cups of milk, four cups of **cornmeal**, and one and a half teaspoons of salt?”
Schon wenig später kam sie zu mir herüber, blickte prüfend auf das Gemisch, das ich zusammengerührt hatte, und sagte: “Henry, what have you done? Look at your **batter**. Holy cow, it’s much too **sticky**. Add a little bit more flour to it.”
Ich schwitzte vor Aufregung und sehnte mich nach der Werkstatt, nach dem neuen *block plane* und dem Holz, aber ich sagte kein Wort und rührte weiter. Roderick sah mir anerkennend zu, aber Lenore betrachtete mich mitleidig.
“Please pass the batter. I’ll drop some spoonfuls of it into a pan”, sagte sie.
“But don’t forget to **grease** the pan, Lenore, otherwise the cakes will burn. When the pan is greased, you can fry them until they are brown on both sides.”
“Helen knows that food can burn”, erklärte Roderick mit erhobenem Zeigefinger.
Wenn ich gedacht hatte, dass nun meine Aufgaben in der Küche beendet waren, hatte ich mich geirrt.
“Henry, now **strain** the appleade.” Helen strahlte mich an. “Soon our meal will be ready.” Ich wusste nicht, was sie von mir wollte: “What does ‘strain’ mean?”, fragte ich und kam mir immer unbeholfener vor.

---

to stir in sth. [ˌstɜːr ˈɪn] etw. einrühren **cornmeal** [ˈkɔːrnmiːl] Maismehl **batter** [ˈbætər] Teig **sticky** [ˈstɪkɪ] klebrig **to grease sth.** [griːz] etw. einfetten **to strain sth.** [streɪn] etw. durch ein Sieb gießen

"Just put this **colander** over a pot and **pour** the appleade through it." Roderick machte es mir vor.
"Boys, are you cleaning up the mess?", ließ sich die unerbittliche Helen noch vernehmen, aber gleich darauf saßen wir alle um den Tisch und ließen uns die Johnnycakes mit Butter und Ahornsirup schmecken.
Tony kam hinzu. "Enjoy your meal", sagte er lächelnd, nahm sich einen *cake* aus der Schüssel und ging wieder hinaus. "I have to look for something in the workshop", sagte er nur.

Übung 21: Bringen Sie die einzelnen Arbeitsschritte beim Zubereiten von Appleade und Johnnycakes in die richtige Reihenfolge. Beginnen Sie mit Appleade.

a. ☐ Drop some spoonfuls of the batter into a heated, greased pan.
b. ☐ Strain the appleade through a colander and serve.
c. ☐ Boil some water.
d. ☐ Put to one side until the johnnycakes are ready.
e. ☐ Fry until golden brown and serve.
f. ☐ Start preparing the johnnycakes.
g. ☐ Pour the boiling water over the apples.
h. ☐ Stir three cups of milk, four cups of cornmeal, and one and a half teaspoons of salt into the beaten eggs.
i. ☐ First wash, core and cut four large apples.
j. ☐ Beat two eggs.

Im Nu waren die Johnnycakes verschwunden und auch der Krug mit Appleade war fast leer.
"It's a little like something that my mother sometimes makes. What do you call them in English? Pancakes?", fragte ich.

---

colander ['kʌləndər] Sieb **to pour** [pɔːr] gießen

"You're right." Lenore sah mich freundlich an.
"We've got to **rearrange** the furniture in my room so that Lenore has a **proper** place to sleep." Helen wischte sich mit einer Serviette den Mund ab, die mit den Initialen E.S. bestickt war. Ich konnte es sehen, als sie die Serviette ablegte. Eleonore Stone war der Name ihrer Mutter, wie ich wusste. Helens Halskette mit den roten Steinen funkelte im Licht der Öllampe, und ich fand, dass sie doch wenig zu ihrer übrigen Kleidung passte.
"There's enough room in my chest of drawers for Lenore's clothes. But we need a second bed and we have to put the chest of drawers beneath the window." Helen war wieder ganz in ihrem Element und gab die Kommandos.
Als wir das Zimmer für Lenore und Helen hergerichtet hatten, bat Roderick mich, kurz mit ihm hinauszugehen. Es war eine ruhige Dezembernacht, kühl, sehr dunkel und irgendwo in den Büschen raschelte es leise.
"I'm leaving Baltimore in February", sagte Roderick plötzlich, nachdem er eine ganze Weile geschwiegen hatte. "You promise you won't tell."
"I promise."
"I know you **overheard** me and the other men in the tavern. We were talking about leaving for California."
"Yes, I overheard some of the conversation", sagte ich nur, und Roderick fuhr fort: "I'm working for the *Baltimore Saturday Visitor*. They told me to write a series of articles about the people on the **wagon trains** to California."

---

to rearrange sth. [ˌriːəˈreɪndʒ] etw. umstellen **proper** [ˈprɑːpər] ordentlich **to overhear (overheard, overheard)** [ˌoʊvərˈhɪr / ˌoʊvərˈhɜːrd / ˌoʊvərˈhɜːrd] zufällig mitanhören **wagon train** [ˈwægən treɪn] Planwagenzug

“You’re going to interview them?”, fragte ich ihn erstaunt.
“Yes. I’m going to stay in California. A friend of mine has already been in San Francisco for some months. He is just starting a newspaper, the *Daily Alta California*. In his last letter he offered me a job. I hope that you’ll stay with my father and my sister. You aren’t interested in gold, are you?”
Er sah mich so eindringlich und bittend an, dass ich gar nicht anders konnte, als ihm zuzustimmen. Überhaupt hatte ich von diesem Goldrausch, der zurzeit grassierte, nicht viel mehr gehört als das, was Beth mir vor einigen Wochen in *Nat’s Tavern* erzählt hatte. Die Sache interessierte mich nicht. Zu viel Neues war in den letzten Monaten auf mich zugekommen, ich wollte nicht noch einmal alles aufgeben und wieder von vorne anfangen. Auf großen Reichtum hatte ich es nicht abgesehen, ich wollte einfach nur ein besseres Leben als das, was mir in Deutschland möglich gewesen wäre.
“No”, antwortete ich langsam, “I’m not interested in the gold rush and I’m very glad to be here at your father’s house.”
Je mehr ich darüber nachdachte, desto deutlicher wurde mir, dass ich bei Tony und Helen bleiben wollte. Nichts hätte mich zu dieser Zeit von hier weglocken können, auch keine *nuggets* groß wie Hühnereier.
Wieder ergriff Roderick das Wort. “There’s something else I’ve got to tell you”, sagte er leise. “Lenore and I – we want to get married. She is going to come with me.”

Eight

Der Tag der Abreise war gekommen. Eine Woche vorher hatte Roderick mit seinem Vater gesprochen und ihm eröffnet, dass Lenore und er heiraten und sich zusammen auf den Weg nach Kalifornien machen wollten. Tony war seit diesem Tag noch stiller und in sich gekehrter, sorgte aber dafür, dass zwei gute Maultiere den Planwagen zogen, mit dem das Paar aufbrach. *Eldorado*, ein Gedicht von Poe, das Maria Clemm an Tony geschickt hatte, ging mir durch den Kopf ... Doch ich war mir nicht sicher, ob sich diese Gruppe, die ich vor mir sah, mit dem unbekümmerten und galanten Ritter aus dem Gedicht vergleichen ließ:

*"**Gaily bedight**,*
*A **gallant knight**,*
In sunshine and in shadow,
Had journeyed long,
Singing a song,
In search of Eldorado."

Ich fürchtete, dass der Fortgang des Gedichtes für viele Reisende wahrscheinlicher war. Der alte, einst so wagemutige Ritter konnte Eldorado nicht finden:

"But he grew old –
*This knight so **bold** –*
*And **o'er** his heart a shadow*
Fell as he found

---

gaily ['geɪlɪ] fröhlich **bedight** [bɪ'daɪt] aufgeputzt **gallant** ['gælənt] tapfer **knight** [naɪt] Ritter **bold** [boʊld] kühn **o'er** (= **over**) [ɔːr]

No ***spot*** *of ground*
That looked like Eldorado."

Und doch wünschte ich allen, dass sie ihr *Eldorado* entdecken würden.
Den Hauptteil seiner Ausrüstung hatte Roderick von seinem Auftraggeber, dem *Baltimore Saturday Visitor*, als Vorschuss erhalten. Ich stand inmitten der Menge, die sich zusammengefunden hatte, um diejenigen zu verabschieden, die sich anschickten, Baltimore zu verlassen. Was wie eine bunt zusammengewürfelte Gesellschaft wirkte, war tatsächlich eine gut organisierte Gruppe. Die Planwagen waren vollgestopft mit Hausrat und einer vorgeschriebenen Menge an Lebensmitteln. Mehl war dabei unerlässlich. Eine Standuhr, die die gesamte Höhe eines Wagens einnahm, schlug gerade die volle Stunde. Ein Baby schrie. Hunde liefen aufgeregt schnüffelnd umher. Kinder versuchten ein Huhn einzufangen, das sich aus seinem Käfig befreit hatte. Ein Mädchen trug eine Katze auf dem Arm und stopfte sie in einen Verschlag, der auf dem Wagen ihrer Eltern stand. Ziegen meckerten und wurden an einen Planwagen gebunden.
Tony war nirgends zu sehen. Lenore und Roderick standen schweigend neben ihrem Planwagen, als Fitz herangeritten kam, zwei Pferde im Schlepptau. Einige Male hatte er in den vergangenen Wochen versucht, Lenore zurückzuholen. Er verlangte von ihr, dass sie sich von den Abolitionisten fernhalten sollte. Dieses Versprechen konnte und wollte sie ihm nicht geben.
Jetzt stand er vor ihr. Man konnte den Whiskey riechen, als er zu seiner Tochter sagte: "Lenore, you've been really **ungrateful**

---

spot [spɑːt] Flecken **ungrateful** [ʌnˈgreɪtfəl] undankbar to me, but I'll give these horses to you." Mit diesen Worten band er zwei wunderbare Pferde an den Planwagen, trat auf Roderick zu, gab ihm eine schallende Ohrfeige, drehte sich leicht schwankend auf dem Absatz um, stieg wieder auf sein Pferd und ritt davon. Lenore sah aus, als wüsste sie nicht, ob sie lachen oder weinen sollte, während Roderick sich seine Wange hielt.

"We should have talked about this earlier", sagte er und grinste.

"Look here." Ein etwa zehn Jahre alter Junge mit zerschlissenen Schuhen und offenem Hemd stand vor mir und deutete auf einen Planwagen, vor den Ochsen gespannt waren. "Take oxen with you to California", sagte er wichtig. "They're **tough** animals. My parents and I are going to walk all the way there. Thousands of miles!"

Ich sah skeptisch auf seine Schuhe. "Are you? Really?", fragte ich erstaunt.

"Space is **precious** on the wagon train."

"I see." Der Planwagen war wirklich nicht groß.

"Only my grandparents are allowed to sit on the wagon. We are stronger and younger than they and we have to walk", erklärte er mir stolz.

"Joshua, come along, will you?"

"That's my father calling me." Der Junge winkte mir noch einmal zu und rannte zu seinen Eltern.

Ein sauertöpfisch aussehender Mann mit einem hohen Biberhut meinte: "Poor boy. I hope he'll survive. A lot of people will die on the **trail**. Believe me, they'll drop like flies." Er stakste davon.

Mit einem Male stand Helen neben mir. Ihre Augen waren

---

tough [tʌf] robust **precious** ['preʃəs] kostbar **trail** [treɪl] *hier:* Treck

rot, aber als sie bemerkte, dass ich sie ansah, sagte sie nur schnippisch: “Oh, it’s only a bit of **dust**”, ging auf Lenore zu und zog sie an sich.

Übung 22: Setzen Sie jeweils den passenden Ausdruck in die folgenden Sätze ein.
(gold dust, golden rings, Gold Rush, golden opportunity, golden nuggets)

1. The California ____________________ started in 1848 when a carpenter discovered some ____________________ in a river.

2. For many people this was a ____________________ to become rich quickly, so they started off on the California Trail.

3. They dreamed of finding ____________________ the size of chicken eggs.

4. If they found gold, many people gave their girlfriends and wives precious ____________________ to wear.

“I hope you won’t burn the fish”, sagte Roderick spöttisch, doch auch er hatte verdächtig rote Augen.
Er sah gut aus in seiner dunklen Cordhose, den festen Stiefeln und einem rot karierten Flanellhemd. Lenore trug ein einfaches Baumwollkleid, darüber ein gestricktes grünes

---

dust [dʌst] Staub

Schultertuch, an dem sie vor ein paar Tagen noch gearbeitet hatte.

Einige Männer mit Gewehren ritten vorüber und stellten sich an die Spitze des Zuges. Eine Trompete ertönte und die ersten Wagen setzten sich in Bewegung. Die Gesichter der Reisenden wurden plötzlich ernst, als würde ihnen die Tragweite ihres Entschlusses erst jetzt bewusst.

Da endlich trat Tony auf den Planwagen zu. Er hielt etwas in der Hand und reichte es Roderick. "My only son and my **daughter-in-law**", sagte er ruhig, "here is a bible that belonged to Roderick's mother. I would rather give you a home of your own and a herd of mules than to have you leave me today."

"Thank you, Father." Roderick ergriff die Bibel und legte sie zwischen sich und Lenore. "I'm sorry I have to go. It's something I have to do."

Der Planwagen ruckte einige Male, bevor er schwerfällig anfuhr. Helen lief eine Weile neben ihm her, dann kam sie zu uns zurück und drehte sich nicht mehr nach dem Treck um.

Unsere Rückfahrt verlief schweigsam. Niemand redete und nicht einmal Pluto, der uns schon auf dem Weg zum Haus entgegenkam, vermochte es, Helen aufzuheitern.

Fitz erwartete uns vor der Werkstatt. Er ging sofort auf Tony los. "You and your family took my daughter away from me!", schrie er außer sich und lief, eine Whiskeyflasche in der Hand, auf Tony zu. Als er ihn fast erreicht hatte, stolperte er und schlug der Länge nach auf den Boden. Die Flasche zersplitterte, seine Hand begann zu bluten.

Helen beugte sich über ihn und sagte lakonisch: "What a clever man! He **has** already **disinfected** his cut."

---

daughter-in-law [ˈdɒːtərɪnlɔː] Schwiegertochter **to disinfect sth.** [ˌdɪsɪnˈfekt] etw. desinfizieren

Sie berührte ihn leicht mit dem Fuß, aber Fitz machte keine Anstalten aufzustehen. Er murmelte etwas vor sich hin und begann unvermittelt zu schnarchen.
“There we are.” Helen sah uns an. “Drag him in. We should look after his hand.”
“I don’t want to take this **foul-smelling fellow indoors**.” Tony schüttelte den Kopf. “He has to stay out.”
“But he’s hurt”, mischte ich mich ein und packte Fitz unter den Armen.
“**Bad weeds grow tall**”, knurrte Tony, kam mir aber schließlich doch zu Hilfe, und gemeinsam schleppten wir Fitz in einen Holzschuppen. Helen verband die verletzte Hand, deckte den ***crackpot***, wie Tony ihn nannte, mit einer alten Maultierdecke zu, und wir überließen ihn seinem Schlaf.
“What will become of him?”, fragte Helen traurig. “Now that Lenore has left.”
Am Nachmittag arbeiteten Tony und ich schweigend in der Werkstatt. Ich sägte die Wände für einen Kindersarg zu. Kindersärge herzustellen gehörte für mich zu den unangenehmsten Aufgaben meines Berufes, und ich war froh, dass Tony mit den Eltern gesprochen und sie nach ihren Wünschen gefragt hatte. Er rieb den fertigen Rahmen eines großen Spiegels mit Bienenwachs ein und brachte ihn in einen Nebenraum. Durch das Wachsen erhielt der Rahmen einen schönen, matten Glanz und war vor Flecken geschützt. Wir arbeiteten schnell und zügig, denn gerade im beginnenden Frühjahr warteten viele Aufträge. Aus dem Holzschuppen tönten immer noch Schnarchgeräusche.

---

foul-smelling ['faʊlsmelɪŋ] übel riechend **fellow** ['feloʊ] Kerl **indoors** [ɪn'dɔːrz] ins Haus **Bad weeds grow tall.** ['bæd 'wiːdz groʊ 'tɒːl] Unkraut vergeht nicht. **crackpot** ['krækpɑːt] Spinner

Meine Versuche, Tony in eine Unterhaltung zu ziehen, versiegten immer wieder.
"A few months ago I found a painting in the store room", begann ich schließlich.
Sofort unterbrach Tony mich. "What do you mean by a *painting*?", fragte er.
Hätte ich genauer hingehört, wäre mir vermutlich der drohende Unterton aufgefallen, mit dem er seine Frage stellte, so aber redete ich weiter, froh seine Aufmerksamkeit erregt zu haben.
"A painting of a horse", sagte ich eifrig.
"I see." Tony sah mich mit hochrotem Kopf an. "You **snooped around** my things." Er ließ die Dose mit dem Wachs sinken und kam langsam auf mich zu. "Why did you do that?"
"Oh", stammelte ich, "I was looking for a candle that had fallen on the floor."
"I've always trusted you. But I can see I was wrong!" Tony schrie jetzt so laut, dass er das Schnarchen im Holzschuppen übertönte.
"I'm so sorry, but I didn't know ...", versuchte ich ihn zu beruhigen. Aber es war zu spät.
"Get out of my house!", brüllte Tony.
"Who's screaming? Father?" Helen stand in der Tür und sah ratlos von mir zu Tony.
"Give him his pay for the last and the next fortnight", sagte Tony böse, und an mich gewandt: "Be out of my house by tomorrow!" Und wie um mich endgültig zu vernichten, fügte er hinzu: "I'm going to see to it that you will never find work as a carpenter again."

---

to snoop around [ˌsnuːp əˈraʊnd] herumschnüffeln

Mit diesen Worten stürmte er aus der Werkstatt und schlug die Tür hinter sich zu.
Ich war fassungslos, wusste aber, dass ich nichts würde ausrichten können, um ihn umzustimmen. Es gab keinen Weg zurück. Ich musste die Werkstatt verlassen.
Zehn Monate hatte ich hier gelebt und gearbeitet, hatte Freud und Leid mit der Familie geteilt und wurde nun auf die Straße gesetzt, ohne zu wissen, warum.
"It wouldn't make any sense to talk to him right now", flüsterte Helen mir zu. "In a few days I'll send you a message through Beth, Nat's daughter. Ask Nat for a room."
Sie sah mich mit einem langen Blick an, und ich trat einen Schritt auf sie zu, hielt aber mitten in der Bewegung inne. Keine Minute länger wollte ich bei Tony bleiben.
Schon kurze Zeit darauf stand ich mit meinem Bündel auf der Straße, im Schlepptau den lallenden Fitz, der gerade, als ich aus dem Haus trat, aus dem Holzschuppen kroch.

Übung 23: Setzen Sie das passende Wort in die Lücken ein.
(job, wages, slave, work, helper, offer)

"You're leaving? Wait for me, boy, I want to make you an

1. ________________."

Ich brachte es nicht fertig, ihm davonzulaufen und wartete auf ihn.

"I've got a good **2.** ________________ for you", brabbelte er weiter. "I need a **mower** at my farm. I can't give you any

---

mower ['moʊər] Mäher

3. _______________, but you can eat meat, have a bed, and do lots of **4.** _______________. But I'm not asking you to be a **5.** _______________. I just need a **6.** _______________. You'll have to do the cooking yourself."

Er lachte und blies mir seinen Whiskeyatem ins Gesicht. Ich kann nicht sagen, dass er mir leid tat, aber einen Moment lang, als er so schwankend vor mir stand und mich halb bittend, halb spöttisch ansah, hätte ich fast zugestimmt. Dann aber dachte ich daran, dass ich damit in unmittelbarer Nachbarschaft Tonys bliebe, und winkte ab. "Thanks, **no hard feelings**, but I want to look for another job."
"And two pints of whiskey a day", versuchte es Fitz noch einmal, aber auch damit konnte er mich nicht zum Bleiben bewegen.
Ich ging, wie Helen es mir geraten hatte, zu *Nat's Tavern*, und Nat vermietete mir, ohne Fragen zu stellen, ein kleines Zimmer für die ersten Nächte. Gleich am nächsten Tag wollte ich mich auf die Suche nach Arbeit machen.
Im Hafen gab es Dutzende von ***canneries***. Ich fragte Nat danach.
"There are dozens of canneries along the **waterfront**", erklärte er mir, "They **can oysters** in the winter months and corn, fruit and vegetables in the summer months. But I don't want to raise your hopes. Nowadays they mostly hire women and children to do the work. They have to peel tomatoes, cut **spinach**, **hull peas**."

No hard feelings. [ˌnoʊ hɑːrd ˈfiːlɪŋz] Nichts für ungut. **cannery** [ˈkænərɪ] Konservenfabrik **waterfront** [ˈwɒːtərfrʌnt] Hafenviertel **to can** [kæn] eindosen **oyster** [ˈɔɪstər] Auster **spinach** [ˈspɪnɪtʃ] Spinat **to hull sth.** [hʌl] etw. enthülsen **pea** [piː] Erbse

"It's like cooking", sagte ich erschreckt und Nat lachte.
"Yes, but cannery work is **exhausting**. And you have to work twelve hours a day, six days a week and the cannery women only get about half of what they can earn in other jobs."
Beth brachte mir einen Teller mit *corn and beans* und meinte: "Don't let it get you down."
Nat bemerkte, wie niedergeschlagen ich war, und fügte hinzu: "**Chin up!** You're the only one who can **cope with** Tony when he's in one of his moods. Everybody knows it's hard to **get on with** him."
"The railroad needs workers", sagte er dann. "You can ask there for a job at any time. You should also go to the waterfront. There are **shipwrights** there. The sailors and the **stevedores** live there too. There are also some **craftsmen** and shopkeepers."
"We need **caulkers**", rief ein Mann im Gastraum, der unser Gespräch mitangehört hatte.
"Caulkers? Do you want to do nigger work?", mischte sich ein anderer ein und lachte abfällig.
Nat sprach weiter, ohne sich stören zu lassen. "Nearly all caulkers were black, but nowadays some of the shipwrights are starting to hire white men to caulk ships. But their wages are lower than what blacks get."
"I'm eager for any kind of work." Niedergeschlagen ging ich auf mein Zimmer und sah aus dem Fenster. Morgen würde ich mich auf den Weg machen müssen, um Arbeit zu finden.

---

exhausting [ɪɡˈzɒːstɪŋ] anstrengend **Chin up!** [ˌtʃɪn ˈʌp] Kopf hoch! **to cope with sb.** [ˈkoʊp wɪð] mit jdm. fertig werden **to get (got, gotten) on with sb.** [ˌɡet / ˌɡɑːt / ˌɡɑːtn ˈɑːn wɪð] sich mit jdm. verstehen **shipwright** [ˈʃɪpraɪt] Schiffbauer **stevedore** [ˈstiːvədɔːr] Stauer **craftsman** [ˈkræftsmən] Handwerker **caulker** [ˈkɒːkər] Kalfaterer

Nine

Seit sechs Wochen wohnte ich nun bei der Witwe Margaret Abel und ihren Kindern Frances, John und Catherine. Ihr Mann war bei der Explosion der *Medora* ums Leben gekommen. Die Jüngste, Catherine, fünf Jahre alt, hatte ihren Vater nie kennengelernt. Frances war mit ihren vierzehn Jahren ein sehr ernstes und intelligentes Mädchen. John, neun Jahre alt, wurde in der Nachbarschaft **Rascal** genannt und setzte alles daran, dass es auch so blieb. Nat hatte mir die Adresse von Mrs. Abel gegeben und gesagt: "She rents out rooms to **lodgers** and she's very **kind-hearted**." Da ihr Untermieter gerade ausgezogen war, bekam ich das Zimmer.

Es war nicht einfach für Mrs. Abel, sich und ihre drei Kinder durchzubringen, deshalb vermietete sie eine Kammer und arbeitete in den *canneries*, von denen Nat mir erzählt hatte. Von ihm hatte ich erfahren, dass sie erst zweiunddreißig Jahre alt war, aber sie sah bedeutend älter aus. Ihr Gesicht zeugte von Kummer, der durch die dunkle Kleidung noch hervorgehoben wurde.

Das Haus war sehr klein. Es gab eine Küche mit einem großen Tisch und wackeligen Stühlen, ein etwas größeres Zimmer, an dessen Wänden Betten standen, und die kleine Kammer, die ich nun bewohnte. In dem größeren Zimmer wohnte und schlief Mrs. Abel mit den Kindern; tagsüber hielten sich alle hauptsächlich in der Küche auf. Das Haus stand in einer Reihe ähnlicher Gebäude in einer baumlosen Straße. Aber es herrschte immer reges Leben und Treiben dort. Überwiegend wohnten hier deutsche Einwanderer, die im Hafen arbeiteten.

---

rascal ['ræskəl] Schlingel **lodger** ['lɑːdʒər] Untermieter
kind-hearted [ˌkaɪnd'hɑːrtɪd] gutherzig

Meine Kammer unterschied sich sehr von der, die ich bei Tony bewohnt hatte. Sie war spartanisch eingerichtet, mit einem alten Bett, einem Stuhl, über den ich abends meine Sachen hängte, und einem Brett an der Wand für Kleidungsstücke. Bald nachdem ich eingezogen war, brachte ich die Küchenstühle in Ordnung.

Abends saß ich manchmal mit Mrs. Abel und Frances in der Küche am Herd und wir unterhielten uns mit gedämpften Stimmen, um Catherine und Rascal nicht zu wecken. An einem dieser Abende, als Frances neugierig das Buch betrachtete, in dem ich las, kam das Gespräch auf Edgar Allan Poe. Es stellte sich heraus, dass Mrs. Abel in der Amity Street aufgewachsen war und sich als junges Mädchen mit Mrs. Clemm, Poes Tante, angefreundet hatte. Selbstverständlich kannte sie auch Poe und Tony, und ich war begierig, mehr über deren Verbindung zu erfahren.

"When I was a schoolgirl, I had to pass Mrs. Clemm's house twice a day on the way to school", berichtete Mrs. Abel, "and I often saw her and her daughter Virginia, the girl who later married Edgar Allan. They often were watering the flowers when I walked by. They always greeted me cheerfully."

"What did you talk about?", fragte ich neugierig.

"Nothing special. Mrs. Clemm always seemed to be busy. She was often clearing the front yard or washing the front step or whitewashing the fence. Everything looked very clean and orderly." Mrs. Abel schaute nachdenklich aus dem Fenster.

"Have you ever met Mr. Poe?", fragte ich nach einer Weile in die entstandene Stille hinein.

"Why, yes. I've met both of them – him and his brother I mean", sie lächelte mich freundlich an. "But you are thinking of Edgar Allan, aren't you? You aren't talking about his brother William, are you?"

"You're right. Edgar Allan, the author, is the one I'm interested in", antwortete ich.
"He always had a strange and **thoughtful** expression on his face. That impressed me. He always seemed to be much older than he really was. When he was twenty, he looked nearly thirty. His neighbors didn't know he was famous. It was not until after *The Fall of the House of Usher* had been published that we knew he was an important writer. By that time he had already moved from Baltimore to Richmond. We felt sorry that we **had**n't **appreciated** him more."

Übung 24: Setzen Sie die passenden Zahlen ein.
(3, 7, 20, 30, 80, 228, 1620, 1809, 2,000)

1. The California Trail is over ________ miles in length.
2. You have to climb ________ steps to get to the top of the Washington Monument in Baltimore.
3. Edgar Allan Poe lived at ________ Amity Street in Baltimore.
4. Poe was born in Boston in ________.
5. Henry found the draft of a letter that Poe had written to his stepfather Mr. Allan asking for $ ________ to pay off his debts.
6. The Pilgrim Fathers arrived in Cape Cod in New England in ________.

---

thoughtful ['θɒ:tfəl] nachdenklich **to appreciate sb.** [ə'pri:ʃɪeɪt] jdn. schätzen

7. Prince Prospero held a masked ball in ________ rooms.

8. When Poe was ________ years old he already looked ________.

Tony hatte Poe oft besucht und ihn augenscheinlich immer zum Schreiben ermuntert.
"Tony Stone often visited Mr. Poe", sagte Mrs. Abel. "He brought along food, and ... ", sie zögerte ein wenig, "he gave him money too, I think. I already knew Tony at that time because my parents had done business with him."
Es war spät geworden. Catherine und Rascal schliefen tief und fest, und auch für mich war es Zeit schlafen zu gehen, denn meine Arbeit als *caulker* war hart und anstrengend. Ich ging Tag für Tag zu den ***shipyards*** und freute mich auf die Abende, an denen ich mit den Abels plaudern oder ab und zu noch eine Erzählung oder ein Gedicht von Poe lesen konnte.
Zu meiner großen Freude hatte ich *Salomon's Bookstore* entdeckt. Sal bot sowohl neue als auch preiswerte gebrauchte Bücher an. Und mindestens einmal in der Woche fand ich einen Brief von Helen vor. Unsere Korrespondenz beschränkte sich weitgehend auf Belanglosigkeiten, aber sie versorgte mich mit den neuesten Informationen über Tony und sich selbst.
Ich schrieb ihr immer sofort zurück. Es war die einzige Möglichkeit, den Kontakt aufrechtzuerhalten, denn gegen den Willen Tonys konnten und wollten wir uns nicht treffen. Zwischen den Zeilen glaubte ich manchmal zu lesen, dass Helen mich vermisste. So hieß es etwa in einem Brief: "Oh,

---

shipyard ['ʃɪpjɑːrd] Werft

how I wish you were here. You would have laughed at Pluto. One evening he **crept** under father's hat and it began to move through the living room all by itself. It's a pity you couldn't see that."

Ja, ich war mir sicher, sie vermisste mich.

Meinen täglichen Weg zur Arbeit legte ich schon bald mit Conner zurück, einem irischen Einwanderer, der schon längere Zeit im Hafen arbeitete. Er war vor sechs Jahren mit seiner Frau Hannah und vier Kindern nach Amerika gekommen. Inzwischen hatte er sieben Kinder und das achte würde nicht mehr lange auf sich warten lassen. Hochgewachsen und schmal, fast dürr, mit einem dichten, dunklen Haarschopf, dachten manche Männer, er sei ein leichtes Opfer für Spötteleien. Aber wer ihn einmal ***beanpole*** genannt hatte, tat dies kein zweites Mal. Im Laufe der Zeit hatte er sich einen Ruf als harter Faustkämpfer erworben.

"I wish I could be a carpenter in the shipyards", sagte Conner eines Morgens zu mir, ohne zu ahnen, dass ich Tischler war. Weil ich Angst hatte, dass Tony seine Drohung wahrmachen würde, hatte ich mich nicht in meinem eigentlichen Beruf beworben.

"Why?", fragte ich vorsichtig, aber sehr interessiert.

"It pays well and they only take whites." Nachdenklich setzten wir unseren Weg fort, bis nach und nach immer mehr Arbeiter herbeiströmten, sodass wir schließlich in einem ganzen Pulk den Docks zustrebten. Ich wusste, es kamen immer mehr Iren und Deutsche nach Amerika, die Arbeit suchten, und war interessiert zu hören, was Conner, der schon so viel länger hier lebte als ich, über die

---

to creep (crept, crept) [kriːp / krept / krept] kriechen **beanpole** [ˈbiːnpoʊl] Bohnenstange

Auseinandersetzungen zwischen schwarzen und weißen Arbeitern dachte.
“I hate those guys who beat up the blacks. Yesterday I saw two **immigrants** beat up a black guy.” Conner schüttelte den Kopf. “Blacks have to give up their jobs or be **beaten to a pulp** by whites. And the white guys who don’t want to work with blacks join in with them. Oh, listen! That’s the cannery **whistle blowing**.”
“Time for Mrs. Abel to start work.” Mir fiel der Garten meiner Mutter ein. “Did you know that a ripe fresh bean makes a sharp **snapping sound** when you break it? That’s why they call them **snap beans** here.”
Conner lachte. “I understand, Henry. You**’re homesick** for the Black Forest, aren’t you?”
Ich antwortete nicht.
Am Abend kehrte ich nach Hause zurück. Ich war zu erschöpft, um mich noch zu Mrs. Abel und Frances zu setzen, und ging gleich nach dem Abendessen in meine Kammer. Am Tag zuvor hatte Helen mir über Frances zwei alte Exemplare der Zeitung *Dollar Newspaper* aus Philadelphia zukommen lassen. Darin fand ich die Geschichte ***The Gold-Bug*** von Edgar Allan Poe. Rascal kam zu mir in die Kammer und bat mich, ihm vorzulesen. Also begann ich:

---

immigrant ['ɪməgrənt] Einwanderer **to beat sb. to a pulp** [ˌbiːt / tə ə 'pʌlp] jdn. zu Brei schlagen **whistle** ['hwɪsl] Pfeife **to blow (blew, blown)** [bloʊ / bluː / bloʊn] *hier:* ertönen **snapping sound** [ˌsnæpɪŋ 'saʊnd] Knackgeräusch **snap bean** ['snæp biːn] Brechbohne **to be homesick** [biː 'hoʊmsɪk] Heimweh haben **The Gold-Bug** [ðə 'goʊldbʌg] Der Goldkäfer

"Many years ago ..."

Auch Frances kam hinzu, während Mrs. Abel noch in der Küche hantierte. Die Geschwister sahen mich gespannt an und ich las weiter. Als ich geendet hatte, war es für ein paar Sekunden ganz still.
"It's an amazing **treasure hunt**", rief Rascal dann. "Mr. Legrand is rather strange, don't you think? Why does he bring along the dead gold bug with him?"
"The bug will lead them to the pirates' **buried** treasure", antwortete Frances.
"Please read the story once again, Henry, would you? It's so **thrilling**", bat ihr Bruder.
"It's time for bed", sagte Mrs. Abel da mit strenger Stimme und duldete keinen Widerspruch.
Ich dachte an Roderick und Lenore, die, wenn man es genau betrachtete, mit Schatzsuchern unterwegs waren, mit Menschen, die ihr Glück finden wollten und dafür unabsehbare Strapazen auf sich nahmen. Wie mochte es ihnen ergehen? Wo mochten sie sein? Und vor allem, was würde Roderick sagen, wenn er wüsste, dass ich nicht mehr bei seinem Vater und seiner Schwester war, dass Tony mich entlassen hatte. Als ich Roderick das Versprechen gab, bei seiner Familie zu bleiben, wäre es mir nie in den Sinn gekommen, dass sich noch am gleichen Tag alles von Grund auf verändern würde. Von Helen wusste ich, dass Tony keinen neuen Zimmermann eingestellt hatte, sondern weniger Aufträge annahm, nur so viele, wie er allein bewältigen konnte.

---

treasure hunt ['treʒər hʌnt] Schatzsuche **buried** ['berɪd] vergraben **thrilling** ['θrɪlɪŋ] aufregend

Übung 25: Welches Wort ist das richtige? Unterstreichen Sie den passenden Begriff.

1. Margaret Abel is a *(window/**widow**)*.
2. Her husband died on the *(steamship/sailing ship) Medora*.
3. She rents out *(wagons/rooms)* to lodgers.
4. She grew up in *(the same street/a different street than the street)* where Edgar Allan Poe lived.
5. She works in the *(shipyard/canneries)*.
6. She starts work there *(before/after)* making breakfast for her three children.

Ich ging zu Bett. Während der Mond hell in mein Zimmer schien, musste ich daran denken, welchen Gefahren sich Roderick und Lenore aussetzten, die mit Goldsuchern unterwegs waren. Wie sehr kann die Gier nach Reichtum einen Menschen verändern. Ich tröstete mich allerdings damit, dass Kidd, der Seeräuber aus dem *Gold-Bug*, auch schon vor dem Vergraben des Schatzes sicherlich kein sanftmütiger Mensch gewesen war.

---

widow ['wɪdoʊ] Witwe

Ten

"I've never known such **heat**. All the children are suffering", sagte ich eines Morgens mitten im Sommer zu Conner, als wir zusammen zur Arbeit gingen.
"We all have to **beat the heat**", erwiderte Conner knapp. Er schien nach Atem zu ringen.
"What's the matter with you?", fragte ich, denn ich bemerkte, dass Conner nicht so schnell und kraftvoll ausschritt, wie er es sonst tat, wenn wir nebeneinander liefen.
"I've a bit of a headache, it's not worth mentioning."
Ich grinste. "Oh, I know, you like your drink, don't you?"
"Yes, of course", wehrte Conner ab. "But I didn't have a drop to drink last night."
"I'm glad we are not working in the **clay pits** with all the damned mosquitoes", sagte ich, trotz der Wärme schaudernd.
Conner hustete. Ich sah ihn besorgt an. Er hatte kalten Schweiß auf der Stirn. "You've caught a cold, haven't you?", fragte ich.
"In the middle of summer? Feels like something different", presste er zwischen den Zähnen hervor. Dann blieb er zitternd stehen. Im Nu stand ein ganzer Pulk Männer um uns herum. Conner sah mit glasigen Augen in die Runde, öffnete den Mund, als wolle er noch etwas sagen, und fiel dann der Länge nach auf die Straße.
"Do something! Send for a doctor! Take him home!", riefen alle durcheinander.
Einer schrie: "Be careful, don't touch him! It could be **infectious**!" Aber niemand beachtete ihn.

---

heat [hiːt] Hitze **to beat the heat** [ˌbiːt ðə ˈhiːt] sich abkühlen **clay pit** [ˈkleɪ pɪt] Lehmgrube **infectious** [ɪnˈfekʃəs] ansteckend

Zusammen mit mehreren Männern trug ich Conner nach Hause. Ich war noch nie bei ihm gewesen und stand jetzt zum ersten Mal vor seinem Haus. In dieser Straße lebten vorwiegend Iren; auch hier standen kleine Häuser in enger Reihe Wand an Wand, wie in der Straße, in der ich bei Mrs. Abel lebte, aber sie waren ein wenig größer.
Als wir an die Tür klopften, öffnete uns eine schöne, wenn auch abgehetzt wirkende Frau. Lange, kastanienbraune Locken schauten unter ihrer Haube hervor. Ihr Gesicht war übersät mit Sommersprossen. Sie war hochschwanger. Entsetzen trat beim Anblick Conners in ihre Augen. Drei kleine Kinder hielten sich erschreckt an ihr fest und sahen uns mit großen Augen an. Ich wusste von Conner, dass seine Frau Hannah hieß.
"Are you Hannah? I'm Henry", sagte ich.
Sie riss die Tür weit auf, um uns einzulassen. "What's the matter with Conner?", fragte sie bestürzt. "He wasn't feeling very well an hour ago when we were having breakfast."
"What shall we do with him?" wollte einer der Männer wissen. "There's no time. Hurry!"
Hannah führte uns durch einen schmalen Flur in ein kleines Zimmer. Dort legten wir Conner auf ein Bett.
"He **fainted**. We'd better send for a doctor. I'm going to come back tonight", sagte ich schnell, bevor ich hinter den anderen herlief.
Am Abend ging ich wieder zu Hannah, um nach Conner zu fragen. Sie öffnete mir weinend die Tür, die Kinder hinter sich. "The **authorities** have said it's a case of typhoid. They took him to the **almshouse**."

---

to faint [feɪnt] ohnmächtig werden **authority** [ə'θɒːrətɪ] Behörde **almshouse** ['ɑːmzhaʊs] Armenhaus

"Why did they take him to the almshouse? Why not to the hospital?", wollte ich wissen.
"The typhoid patients must stay in the almshouse."
"It's out of the city. Perhaps, they don't want typhoid to **spread**", mutmaßte ich.
"I've been told that we live in a **filthy locality**. But although we live in 'Louse **Alley**', we haven't got any **lice**, **fleas** or **mites**." Hannah weinte jetzt laut und ihre Kinder standen verängstigt um sie herum. Überall gingen die Türen auf und Frauen schauten heraus. Ich sah die ***rows of houses***, die von Deutschen, Iren und freien Schwarzen bewohnt wurden. Es gehörte nicht viel Fantasie dazu sich vorzustellen, dass sich Krankheiten hier schnell von einem Haus zum anderen übertragen konnten, egal, wie sauber die einzelnen Wohnungen waren.
Als Hannah sich etwas beruhigt hatte, erzählte sie mir weiter, dass schon dreißig Leute aus der Umgebung im Armenhaus untergebracht worden waren.
"Will you please go to the almshouse and see how Conner is doing? I've got to stay with the little ones. It's too far for me to go. My older children work in the canneries too. They have to stay there until all the vegetables have been packed. You never know how long it will take."
Ich versprach Hannah, noch am selben Abend zum Almshouse zu gehen und mich nach Conner zu erkundigen.
"Try to be careful, Henry", rief sie mir nach. "I'll wait for you."

---

to spread (spread, spread) [spred / spred / spred] sich ausbreiten
filthy ['fɪlθɪ] verdreckt **locality** [loʊ'kælətɪ] Gegend **alley** ['ælɪ] Gasse
louse (*pl.* **lice**) [laʊs / laɪs] Laus **flea** [fli:] Floh **mite** [maɪt] Milbe
row of houses [ˌroʊ əv 'haʊzəz] Häuserreihe

Es war ein langer Weg bis zum Armenhaus, denn es lag wirklich außerhalb der Stadt. Endlich dort angekommen, stand ich vor einem grauen, schmucklosen Gebäude, das von einer Mauer umgeben war. Die Pforte in der Mauer war verriegelt. Als ich den schweren Türklopfer betätigte, erschien eine Krankenpflegerin und erklärte mir: "I'm sorry but you're not allowed to visit your friend. We don't yet know how typhoid is spread." Sie sah mich freundlich, aber bestimmt an. "But I think that the so-called alley system is to blame for this. I'm afraid he is seriously ill."
Niedergeschlagen machte ich mich auf den Weg zurück zu Hannah. Die Nachricht, die ich ihr überbrachte, war nicht dazu angetan, sie zu beruhigen. Ich versprach, auch am nächsten Tag beim Almshouse nach Conner zu fragen.
Zurück bei Mrs. Abel und den Kindern, fand ich alle in gedrückter Stimmung vor. Die Nachricht, dass Typhus sich ausbreitet, hatte inzwischen jeden Winkel der Stadt erreicht. Frances sagte: "I hope that we won't catch typhoid. I've always been afraid of that."
"Don't worry", rief Mrs. Abel aus der Küche, "we've got good doctors. No city in the Union is healthier than Baltimore."
Müde ließ ich mich auf mein Bett fallen. Vor dem Einschlafen begann ich, die Geschichte ***The Premature Burial*** von Edgar Allan Poe zu lesen. Es ist die Geschichte eines Mannes, der den Lesern das Gefühl gibt, er sei lebendig begraben, es aber letzlich doch nicht ist. Seinem eigenen Erlebnis schickt er Fälle von Scheintoten voraus, die auf eine entsetzliche Art und Weise in ihrer Gruft oder ihrem Grab sterben oder gerade noch, quasi in letzter Minute, gerettet werden können. Ich war fasziniert und erschrocken angesichts des entsetzlichen

---

The Premature Burial [ðə ˌpriːmətjʊr ˈberɪəl] Die Scheintoten

Todes einer Lady aus Baltimore und las die Geschichte ein zweites Mal.

*"The wife of one of the most **respectable** citizens ... **was seized with** a sudden ... **illness**."*

Fast war ich froh, dass der Erzähler selbst so glimpflich davonkommt und nicht in seinem Grab, sondern in der engen Koje eines Schiffes, das mit Erde beladen war, erwacht. Poe's deaths are always very strange, schoss es mir durch den Kopf. It is the difference between life and death that obsesses him. Verwundert bemerkte ich, dass ich anfing, auf Englisch zu denken.
Als ich wenige Tage später von der Arbeit kam, empfing mich Mrs. Abel mit den Worten: "Helen is ill. She's got typhoid. Beth told Frances about it."

Übung 26: Verwandeln Sie die folgenden Verneinungssätze in Aussagesätze, wie im Beispiel vorgegeben.

1. Conner didn't have a headache one morning in the middle of summer.

Conner had a headache one morning in the middle of summer.

2. Conner didn't fall down onto the street.

____

---

respectable [rɪ'spektəbəl] ehrbar **to be seized with sth.** [bi: 'si:zd wɪð] von etw. befallen werden **illness** ['ɪlnəs] Krankheit

3. They didn't send Conner to the almshouse.

____

4. Henry didn't visit Conner's wife in 'Louse Alley'.

____

5. Conner didn't have typhoid.

____

6. The nurse in the almshouse didn't think that the so-called alley system was to blame for the spread of typhoid.

____

7. Helen didn't catch typhoid.

____

Ich blieb wie erstarrt stehen und sah sie fassungslos an. "Helen? Why Helen? What do you make of that? How did she get infected?"
"Well, I think that she caught typhoid from the city folk living in the rows of houses. You know that Helen **frequently looked in on** the children and brought food to the families who have sick relatives in the almshouse?"
"Yes, I know. She wrote me about it."
Mrs. Abel sah mich bedrückt an. "Oh, Henry, do you feel this heat? This hot air is really unhealthy, isn't it? And all the **stench** from rotting seafood and from the **privies** ... I think it's dangerous. Today the wind is blowing from the

---

frequently ['fri:kwəntlɪ] häufig **to look in on sb.** [ˌlʊk 'ɪn ɑ:n] bei jdm. vorbeischauen **stench** [stentʃ] Gestank **privy** ['prɪvɪ] Abort

south, and the stench **is wafting** through the city." Sie schlug sich die Hände vor das Gesicht. "I'm so worried about my children."
"Don't be afraid", versuchte ich sie zu trösten. Aber in Gedanken war ich bei Helen.
Sie erzählte mir weiter, dass Tony sich geweigert habe, Helen in das Armenhaus bringen zu lassen. So schnell ich konnte, machte ich mich auf den Weg zu seinem Haus. Die Stadt flimmerte auch am Abend noch vor Hitze; die Menschen liefen hastig durch die Straßen, mit unstetem Blick, der Angst verriet.
Als ich bei der Ruine war, beschleunigte ich, wie ich es hier immer tat, trotz der Hitze meinen Schritt. Auch jetzt am Abend, obwohl es doch Sommer und noch hell war, machte die Ruine keinen einladenden Eindruck. Die Krähen saßen bewegungslos in den Bäumen. Selbst die Sonnenstrahlen, die auf den Mauern lagen, vermochten ihr nicht die düstere Schwere zu nehmen. Es wunderte mich nicht mehr, dass niemand über sie sprechen wollte. Etwas Unheimliches musste sich hier ereignet haben. Trotz meiner Sorge um Helen und Conner musste ich unwillkürlich an Tony denken. Gab es doch eine Verbindung zwischen ihm und Metzengerstein, fragte ich mich.
Tony Stone trat gerade aus der Tür, als ich in seinen Hof einbog.
"So you**'ve made a go of** your new job, have you?", rief er mir böse entgegen.
"Yes", antwortete ich kurz, "but tell me, how is Helen?"
"That's none of your business", erwiderte Tony, "and now get

---

to waft [wæft] wabern **to make a go of sth.** [ˌmeɪk ə 'goʊ əv] mit etw. Erfolg haben

out of my sight. **Clear off!**" Er drehte sich auf dem Absatz um, verschwand durch die Tür und schlug sie hinter sich zu. So schnell wollte ich nicht aufgeben. Ich klopfte und schrie so lange, bis die Tür wieder geöffnet wurde und eine Frau vor mir stand. Sie hatte ein unschönes Gesicht, aus dem die Nase hervorstach. Ihr schlanker und doch plump wirkender Körper steckte in einem roten Kleid mit Rüschen und aufgestickten Blumen. Ihr dünnes aschblondes Haar wurde mit einem grünen Band zusammengehalten. Als sie mich ansah, verzog sich ihr Mund zu einem schmalen Strich.

"Hello", sagte sie mit falscher Freundlichkeit, "you're Henry? I'm Anne Heyes, *Miss* Anne Heyes, Helen's nurse. I'm awfully sorry but you've got to go away immediately." Sie lächelte mich mit gespitzten Lippen an.

Anne Heyes ... diesen Namen hatte ich schon einmal gehört. Da fiel es mir wieder ein: *Anne Heyes, the tattletale*! Warum hatte Tony ausgerechnet sie ins Haus genommen? Wusste er nicht, dass Helen keine gute Meinung von ihr hatte? Anne Heyes war es doch, die Lenore bei ihrem Vater angeschwärzt hatte?

"I don't think so", lächelte ich zurück und nahm mir vor, so lange zu bleiben, bis ich erfuhr, wie es Helen ging.

Anne Hayes sah mich prüfend an. "She's not at all well. She **is delirious with fever**. Helen doesn't want to see you. Got the message?"

"I don't believe a word of this." Ich ging wütend einen Schritt auf sie zu. "I've already heard of you."

"Only good things, I hope." Sie zog sich in das Haus zurück und verriegelte die Tür.

Clear off! [ˌklɪr ˈɒːf] Verschwinde! **to be delirious with fever** [biː dɪˈlɪrɪəs wɪð ˈfiːvər] im Fieberwahn liegen

"Helen! Helen, I'm here and I'll be back", rief ich laut. Mir war, als wären drinnen Stimmen zu hören – die eine leise und schwach, die andere mit einem schadenfrohen Unterton. Ein weiteres Ausharren wäre sinnlos gewesen und ich machte mich auf den Rückweg.

Auf dem Pfad zur Straße traf ich Fitz, der noch erbärmlicher aussah als vor einigen Monaten. Er war abgemagert, seine Kleidung verdreckt und zerrissen, aber wie meistens bei guter Laune. Er lachte über Anne Heyes.

"She turned Mule's head, and don't forget: She's full of herself", krähte er vor Vergnügen. "I think that Mule couldn't find anybody else who would look after Helen. They are all afraid of getting typhoid." Er machte ein ernstes Gesicht. "This is a great moment in Anne's life. Now she can **spy on** Tony and Helen **without any interference.**" Ich merkte, dass Helen ihm leid tat. "Poor girl", sagte er nachdenklich und fragte: "Are you going to the widow?"

"Yes, of course."

"Don't get angry. Times will change, you'll see." Fitz drehte sich um und ging den Pfad zurück. Ich setzte meinen Weg fort.

---

to spy on sb. ['spaɪ ɑːn] jdn. ausspionieren **without any interference** [wɪ'ðaʊt ˌenɪ ɪntər'fɪrəns] völlig ungestört

Eleven

Der Sommer mit seiner Hitze und den Krankheiten war vorüber.

Conner war noch einmal davongekommen. Eine Weile hatte es so ausgesehen, als würde er es nicht schaffen und der Seuche erliegen, aber dann ging es aufwärts.

Hannah und die Kinder waren überglücklich.

Auch Helen hatte überlebt.

Frances, die sie oft besuchte, brachte mir fast täglich Neuigkeiten von ihr, und der Tag, an dem Helen in der Lage war, Anne Heyes die Tür zu weisen, wird mir immer in Erinnerung bleiben, denn es war auch der Tag, an dem ihre Genesung begann und das Schlimmste überstanden war.

"Anne **did** a lot of **mischief**", berichtete Frances. "She brought **discord** into the family because she **played** Tony **off against** Helen and **vice versa**."

Als Anne versuchte, Frances den Zutritt zu verweigern, hatte Helen genug von ihr und setzte sich gegen den Widerstand ihres Vaters durch. Anne wurde entlassen. Seitdem gehörte Frances fast zur Familie, war wie eine kleine Schwester für Helen und half ihr, wo sie nur konnte.

"Do you want to meet Helen tomorrow evening?", fragte sie mich eines Abends. "Her father will be at a meeting of the carpenters' **guild**."

---

to do (did, done) mischief [duː / dɪd / dʌn ˈmɪstʃɪf] Schaden anrichten **discord** [ˈdɪskɔːrd] Zwietracht **to play sb. off against sb.** [ˌpleɪ / ˈɒːf əˌgenst] jdn. gegen jdn. ausspielen **vice versa** [ˌvaɪsə ˈvɜːrsə] umgekehrt **guild** [gɪld] Zunft

Übung 27: Welche Begriffe passen zu den Charakteren? Tragen Sie den richtigen Buchstaben ein.

1. Henry	☐	**a.** a mysterious writer
2. Lenore	☐	**b.** a **bad-tempered** carpenter
3. Tony	☐	**c.** a **strong-willed** girl
4. Fitz	☐	**d.** a tattletale
5. Roderick	☐	**e.** a young writer
6. Anne	☐	**f.** a young wife
7. Helen	☐	**g.** a curious reader
8. A.E. Poe	☐	**h.** a strange neighbor

Und ob ich wollte.
"Where?", fragte ich.
"She told me that you can meet her at the ruin", erwiderte Frances.
Ich freute mich, dass Helen wieder in der Lage war, das Haus zu verlassen, und vor allem freute ich mich darauf, sie wiederzusehen.
Als ich mich am folgenden Tag auf den Weg hinaus zur Ruine machte, hätte ich die ganze Welt umarmen können. Ich schmetterte das Lied, das Helen mir beigebracht hatte – *We won't go home till morning*:

We'll sing, we'll dance and be ***merry****,*
We'll sing, we'll dance and be merry,
We'll sing, we'll dance and be merry,
And kiss the ***lasses*** *dear;*
And kiss the lasses dear;
And kiss the lasses dear ...

---

bad-tempered ['bæd,tempərd] übellaunig **strong-willed** ['strɒːŋ,wɪld] willensstark **merry** ['merɪ] fröhlich **lass** [læs] Mädchen

Inzwischen kannte ich alle Strophen auswendig, aber die zweite gefiel mir am besten. Das Herz schlug mir bis zum Hals, als ich die Ruine vor mir sah. Die letzten Strahlen der untergehenden Sonne fielen auf die zerbrochenen Mauern und sogar die Krähen in ihren Nestern wirkten sanft und friedlich. Ich fragte mich, warum mir dieser Ort vor noch gar nicht langer Zeit so unheilvoll und düster erschienen war. Da sah ich Helen. Sie trug ein hellblaues Hemd und eine sandfarbene Hose. Um ihren Hals hatte sie ein dunkelblaues Tuch gelegt. Ihr schwerer Zopf, den sie immer noch über die Schulter trug, war gewachsen. Sie stand neben dem geheimnisvollen Stein und wartete schon auf mich. Frische Blumen waren dort niedergelegt worden und leuchteten in allen Herbstfarben. Wir liefen aufeinander zu und blieben dann abrupt voreinander stehen.

"You look more beautiful than ever ", sagte ich endlich.

"Nonsense", lachte Helen, "I look like a **scarecrow**."

"But you're a nice-looking scarecrow", antwortete ich wahrheitsgemäß. Sie war tatsächlich sehr schmal geworden und sah blass und schwach aus.

"Thanks a lot, my dear Henry. You're as polite as ever." Zumindest hatte sie ihre spitze Zunge nicht verloren.

"I'**m** only **teasing** you", versuchte ich zu erklären. "You're very **brave**. You'll be all right soon."

"That's what my father said."

"You've got new trousers and a new shirt", stammelte ich zusammenhanglos.

"Yes, Anne Heyes gave all my clothes to the poor. She sewed *skirts* for me." Helen spuckte das Wort "Röcke" fast aus.

---

scarecrow ['skerkroʊ] Vogelscheuche **to tease sb.** [ti:z] jdn. necken
brave [breɪv] tapfer

"*Miss* Anne Heyes", sagte ich geziert und wir lachten alle beide.

Es war ein warmer Abend im Frühherbst und wir setzten uns gegenüber der Stelle, an der die Blumen lagen.

"I would like to know who **laid down** the flowers, and **lighted** the candles, and who all this is meant for", meinte Helen nachdenklich.

"I've asked myself the same question many times", entgegnete ich. "But please, tell me what has been happening over the last months."

Und Helen berichtete mir alles, was sich ereignet hatte. Vieles wusste ich schon von Frances, aber ich unterbrach sie nicht.

Unvermittelt sah sie mich an und fragte: "Henry, what do you think of **spiritualism**?"

Ich hatte durch Mrs. Abel von spiritistischen Sitzungen gehört. Ihr verstorbener Mann hatte sie vor einigen Wochen mittels Klopfzeichen wissen lassen, dass sie sich gut um ihre Kinder kümmern möge. Mit den Worten "That's just what I used to do", gab sie die Besuche solcher Sitzungen auf.

Ich sah Helen erstaunt an. "Why are you asking?", wollte ich wissen. "I've heard of the Fox sisters. They are able to communicate with spirits, especially Kate Fox. People think she is a powerful medium. She writes down what the spirits tell her."

"I dreamed a lot of my mother when I was ill. She took me to the ruin. I was sure it was my mother! I felt her presence. I don't know anything about her and so **maybe** this is an opportunity to learn something about her. Her **necklace** ...

---

to lay (laid, laid) sth. down [ˌleɪ / ˌleɪd / ˌleɪd / ˈdaʊn] etw. hinlegen **to light sth.** [laɪt] etw. anzünden **spiritualism** [ˈspɪrɪʃʊəlɪzəm] Spiritismus **maybe** [ˈmeɪbiː] vielleicht **necklace** [ˈnekləs] Halskette

that's all I've got", sagte Helen leise und deutete auf die goldene Kette mit den roten Steinen an ihrem Hals.
"The best way to learn something about your mother is to ask your father about her."
"Henry, you know my father. He'll never change. He doesn't want to speak about my mother." Sie nahm einen Grashalm auf und betrachtete ihn angestrengt, als könne er ihr etwas über das Leben ihrer Mutter sagen. "Although I've only a **dim** memory of her, I miss her."
In diesem Moment tat sie mir so leid, dass ich alles für sie getan hätte. Sogar zu einer spiritistischen Sitzung wäre ich gegangen. Aber noch bevor ich etwas dazu sagen konnte, wechselte Helen das Thema. "Let's change the subject. I don't want to be sad any more. My father hardly talks to me. Sometimes I even miss Roderick." Sie lachte.
"Has Tony still got a lot of work to do?", wollte ich wissen.
"Yes, he needs an assistant very badly. But he still reads a lot. He always eagerly awaits the next novel or poem by Poe and letter from Mrs. Clemm."
Sie erzählte mir, dass Mrs. Clemm die Abschrift eines Briefes von Poe an ihren Vater geschickt hatte, aus dem hervorging, dass Poe wieder heiraten wollte.
"Two weeks ago Poe was in Richmond", sagte sie. "He returned from Norfolk where he **had been lecturing**. He seemed to be busy and quite happy, and was planning to go to Philadelphia. He hoped that his troubles were nearly over, but he is still very poor."
Ich merkte, dass Helen müde und erschöpft war.
"Helen, you look quite exhausted." Ich machte mir Sorgen um sie, zumal ich sie nicht zurückbegleiten konnte.

---

dim [dɪm] schwach **to lecture** ['lektʃər] einen Vortrag halten

"You're right, I'm feeling tired."
"I'm sorry but I think you should leave now. I think Tony will be back soon. And it's time for dinner. It's been wonderful seeing you." Ich strahlte Helen an. Sie reichte mir die Hand.
"When will we see each other again?", fragte ich.
"I'll send you a message through Frances." Helen sah mich lächelnd an.
Als sie ging, blickte ich ihr nach, solange ich etwas von ihr sehen konnte.
Allmählich wurde es dunkel, aber ich wollte noch nicht zurück. So gern ich Mrs. Abel und die Kinder hatte, so sehr sehnte ich mich manchmal nach einem wirklich ruhigen Ort, an dem ich meinen eigenen Gedanken nachgehen konnte. Ich trat auf die mit den Blumen geschmückte Stelle zu – *the mysterious* ***grave***.
Ein Knacken hinter mir ließ mich aufhorchen. Ich hörte ein Murmeln, das allmählich lauter wurde, und bald konnte ich einzelne Worte unterscheiden: "... a joke ... the king ... a good story ... seven ministers ... *a rara avis in terris*."
Seltsam sah der Mann aus, der in der Dämmerung auf mich zukam. Er war dunkel gekleidet und trug eine auffällige Samtweste. Sein breiter Hut verdeckte das Gesicht. Pluto lief vor ihm her wie ein kleiner Hofmarschall, der den König ankündigt. Fast schien es mir, als kenne er den Mann, denn er rieb seinen Kopf an seinen Schuhen und schnurrte laut.
"*Rara avis in terris*?", fragte ich, als er vor mir stand, und konnte nicht verhindern, dass mich ein Zittern überfiel.
"An extremely rare bird", sagte er, "especially around here.

---

grave [greɪv] Grab

And who are you?" Der Fremde sah mich aus schwarzen Augen seltsam forschend an.

Übung 28: Benennen Sie das Gegenteil der folgenden Adjektive – tragen Sie den richtigen Buchstaben ein.

1. rare	☐	**a.** unmarried
2. early	☐	**b.** well
3. beautiful	☐	**c.** intolerant
4. kind	☐	**d.** late
5. sick	☐	**e.** common
6. married	☐	**f.** ugly
7. tolerant	☐	**g.** happy
8. sad	☐	**h.** unkind

Im Nachhinein kommt es mir merkwürdig vor, aber ich erzählte ihm alles. Alles, was ich bisher in Amerika erlebt hatte, bis hin zu meiner Begegnung vor wenigen Minuten mit Helen. Auch mein Zerwürfnis mit Tony verschwieg ich nicht. Immer noch standen wir vor dem mit Blumen geschmückten Stein. Die Sonne war fast untergegangen und ich konnte den Mann in seiner dunklen Kleidung kaum noch erkennen. Er schwieg eine Weile, nachdem ich geendet hatte, dann drehte er den Kopf zu mir und sagte: "I know."
Ich wartete, aber er sprach nicht weiter, bis ich endlich fragte: "Pardon?"
"The mystery of the so-called grave." Ich spürte, dass er mich ansah.
"Could you please **reveal** this secret? It's very important", flüsterte ich atemlos.

---

to reveal sth. [rɪ'vi:l] verraten

“Fifteen years ago”, fing er an und setzte sich auf einen Mauerrest, “there was a beautiful lady who loved to have horses around her. She lived together with her husband und two little children not far from here. A happy family.”
“I don’t think so”, antwortete ich vorsichtig. Der Tonfall des Mannes ließ nichts Gutes ahnen.
“Yes, you’re right”, fuhr der Fremde fort. “The beginning was a **fairy tale**, but it all ended like a horror story.” Er hielt für einen Moment inne, als wollte er sich besinnen. “As I’ve already said: The lady loved horses. One day she bought a beautiful young horse from her neighbor. She named it Israfel.”
Mit einem Male war mir, als würde um mich herum alles versinken. Die Stimme des Mannes veränderte sich, wurde sanfter, dunkler, fast zu einem Gesang. Er schien ein Gedicht zu rezitieren, von dem ich nur den Namen Israfel verstand. Dann straffte er sich und redete weiter, als wäre nichts gewesen.
“Although she had been told that Israfel was a difficult horse – he **bit** and kicked a lot – the lady immediately **went for a ride** through the marshes. She was riding home when she stopped at the ruin which was one of her favorite places. Nobody knows what happened then. Maybe Israfel saw something which **terrified** him and she lost control, or maybe the crows **frightened** him. But she **was struck dead** by Israfel’s **hoofs**. Her husband found her. The **sight** of her was **dreadful**.”

---

fairy tale [ˈferɪ teɪl] Märchen **to bite (bit, bitten)** [baɪt / bɪt / ˈbɪtn] beißen **to go (went, gone) for a ride** [ˌgoʊ / ˌwent / ˌgɒːn fər ə ˈraɪd] ausreiten **to terrify sb.** [ˈterəfaɪ] jdn. erschrecken **to frighten sb.** [ˈfraɪtn] jdm. Angst machen **to be struck dead** [biː ˌstrʌk ˈded] zu Tode getrampelt werden **hoof** [hʊf] Huf **sight** [saɪt] Anblick **dreadful** [ˈdredfəl] furchtbar

Er wies auf den mit den Blumen geschmückten Stein.
"It was right here. Nobody else knows how she died, except me and the doctor who tried to save her life. 'Keep completely silent and don't tell the children anything about it. Just promise me, you'll never let a horse near the children.' That was all she'd said before she died. Her husband", er zögerte einen Moment, "made her coffin out of **red elm**."
"Tony", stammelte ich. "Oh, my God!"
"Yes, Tony. They call him Mule. Up to now he has kept his promise", sagte er und streichelte wie unabsichtlich Plutos Kopf, der, völlig unberührt von allem, träge mit der Pfote nach einem Nachtfalter schlug. "But I think his children ought to know what exactly happened to their mother because they are **grown-up** by now." Er dachte einen Moment nach: "It would **do** no **harm** to **throw** some **light on** this **incident**. Maybe it's your turn to help them."
Tränen stiegen mir in die Augen. Tony, der schweigsame, manchmal so mürrische Mensch, trug das ganze Unglück allein. Er brachte die Blumen und die Kerzen in die Ruine, um seiner Frau zu gedenken.
"Now I can almost understand him. He **was beside himself** on that day when I **was dismissed**. Have you ever seen a painting of a horse at Tony's house?", wandte ich mich an den Fremden.

---

red elm [ˌred 'elm] Rotulme **grown-up** [ˌɡroʊn'ʌp] erwachsen **to do harm** [duː 'hɑːrm] Schaden anrichten **to throw (threw, thrown) light on sth.** [ˌθroʊ / ˌθruː / ˌθroʊn 'laɪt ɑːn] Licht in eine Sache bringen **incident** ['ɪnsɪdənt] Vorfall **to be beside oneself** [bɪː bɪ'saɪd wʌnself] außer sich sein **to be dismissed** [biː dɪs'mɪst] entlassen werden

Er dachte nach und sagte dann: "Eleonore ordered a painting of Israfel about four weeks before she died."
Ich begriff, dass das Bild, das ich in Tonys Haus gefunden hatte, Israfel zeigte.
Aber warum hatte Tony es aufgehoben? Warum bewahrte er etwas auf, an das er nicht erinnert werden wollte?
"Who are you?", fragte ich den Fremden. Ich bekam keine Antwort. Er war weg, war einfach gegangen.
Es war inzwischen so dunkel geworden, dass ich kaum noch die Umrisse der Mauern ausmachen konnte. Aber vor mir, auf dem Boden, schimmerte etwas Weißes. Ich hob es auf. Erst zu Hause sah ich, dass es ein Zeitungsausschnitt war, ***Hop-Frog*** überschrieben, und ich fand darin die Worte *a rara avis in terris.*

Hop-Frog ['hɑːpfrɒːg] Hopp-Frosch

Twelve

"Take care of yourself. Don't forget the polls", rief Mrs. Abel mir nach, als ich mich am Morgen des 3. Oktober auf den Weg zur Arbeit machte. Es klang, als warne sie mich vor einer schweren Krankheit. Aber ich wusste: Wahlschlepper waren unterwegs, die Männer von der Straße weg aufgriffen, sie betrunken machten und zur Wahlurne schleiften. Schreckliche Dinge hörte man. Schon Tage vorher, so wurde gemunkelt, wurden Männer gefangen genommen und in Käfige gesperrt, um sie am Wahltag unter Aufsicht wählen zu lassen. Die Zeitungsjungen riefen ununterbrochen: "An election is taking place **throughout** the State today for members of Congress and for members of the Maryland House of Delegates." Conner, der wusste, wie man sich in diesen Zeiten am besten auf der Straße verhielt, hatte mich schon vor Tagen gewarnt.

"No election without corruption!", sagte er ernst. "Political **gangs** use different tricks. They steal **election ballots**, they **bribe** judges or they beat up the voters for the opposition."

Jetzt, auf dem Weg zur Arbeit, mit Conner an meiner Seite, spürte ich, dass etwas in der Luft lag. Es war, als hielte die ganze Stadt den Atem an.

"See them, Henry. The men in the gangs are standing about on the street corners."

"I've already heard of **cooping** ...", begann ich, aber Conner unterbrach mich sofort.

"You've got no idea what it really means. They kidnap you

---

throughout [θruːˈaʊt] im ganzen **gang** [gæŋ] Bande **election ballot** [ɪˈlekʃən ˌbælət] Wahlzettel **to bribe sb.** [braɪb] jdn. bestechen **to coop sb.** [kuːp] jdn. einsperren

and force you to go in and out of **poll** after poll, voting over and over again. They even might change your clothes to take you for another round."

"Oh, I'll try to keep my mind on the work", sagte ich. Damit wollte ich nichts zu tun haben. Als wir auf der Höhe von *Gunner's Hall* waren, einer Taverne, die zu einem Wahllokal umfunktioniert worden war und vorübergehend *Ryan's 4th Ward Polls* hieß, hörten wir lautes Lachen und Schreien, obwohl es noch früh am Morgen war. Mehrere Männer zerrten einen Betrunkenen hinein.

"Look at him. A gang's got him", sagte Conner und wollte schnell weitergehen. Da wurde die Tür von innen aufgerissen und ein Mann fragte: "Is there anybody who can **deliver** a message to Dr. Snodgrass? It's urgent. I've just found a man who is **dead drunk** and sick."

Ich war sofort bereit, die Nachricht zu Dr. Snodgrass zu bringen. Es war mir egal, ob ich zu spät zur Arbeit kam oder am Ende gar nicht, sollten sie doch glauben, ich sei ein Opfer der Wahlschlepper geworden. Conner aber, der lange krank gewesen war und um seinen Arbeitsplatz fürchtete, ging davon.

Ich betrat *Gunner's Hall* und warf einen Blick auf den Kranken. Er erschien mir gänzlich leblos, wie betäubt, und war nicht ansprechbar. Sein Hut, ein billiger Panama, ohne Hutband und verschmutzt, lag neben ihm auf dem Boden. Sein Mantel sah abgetragen und verschlissen aus, die grauen Wollhosen waren schäbig und passten ihm nicht. Er trug weder eine Weste noch ein Halstuch, sein Hemd war völlig verknittert und schmutzig. An den Füßen hatte er abgetragene Schuhe, die lange Zeit nicht mehr geputzt worden

---

poll [poʊl] Wahl **to deliver sth.** [dɪˈlɪvər] etw. überbringen **dead drunk** [ˌded ˈdrʌŋk] stockbesoffen

waren, mit abgelaufenen Absätzen. Für einen Augenblick glaubte ich, in dem Bewusstlosen den Fremden aus der Ruine zu erkennen. Aber das konnte nicht sein. Wie sollte er in einen solchen Zustand geraten sein?

Übung 29: Bringen Sie die Geschichte, die Henry erzählt worden ist, in die richtige Reihenfolge.

a. ☐ Tony sold all his horses and bought mules.
b. ☐ Israfel struck her with his hoofs.
c. ☐ She went out riding on Israfel.
d. ☐ Tony made her a coffin.
e. ☐ She lost control of her horse.
f. ☐ Tony found her and promised to keep horses away from her children.
g. ☐ One day Tony's wife got a beautiful horse called Israfel.
h. ☐ On her way back home she stopped at the ruin.

"Here's my note to Dr. Snodgrass", riss mich der Mann aus meinen Gedanken.
So schnell ich konnte, lief ich zu Dr. Snodgrass und übergab ihm die Nachricht. Nachdem er sie gelesen hatte, griff er nach seinem Mantel und sagte: "It seems that Mr. Poe is very ill." Er rannte los.
"Mr. Poe?", rief ich und versuchte, mit ihm Schritt zu halten, "Edgar Allan Poe?"
"Yes, indeed", entgegnete er. "Do you know him?"
"Yes, I do, but only by his poems and stories. I've never spoken to him."
Atemlos erreichten wir *Gunner's Hall.*
"We've got to arrange for a **carriage**", sagte Dr. Snodgrass

---

carriage ['kærɪdʒ] Kutsche

sofort, nachdem er einen Blick auf den Kranken geworfen hatte, "to send him to the Washington College Hospital."
Ich hatte nur einen Gedanken: Ich musste zu Tony, der unbedingt von dem Vorfall erfahren sollte. Den Weg aus der Stadt legte ich in größter Eile zurück. Tony war schon in seiner Werkstatt, als ich mein Ziel erreichte. Ich trat ein.
"They've found Edgar Allan Poe!", sagte ich unvermittelt. "He's very sick. They sent him to hospital."
Ich wollte Tony gar nicht erst die Möglichkeit geben, mich wieder wegzuschicken. Und das war genau richtig. Noch bevor ich zu Ende gesprochen hatte, ließ er den Hobel sinken und sah mir ins Gesicht.
"What did you say?" Er tat einige Schritte auf mich zu. "What did you say?"
"It seems that he is quite drunk, but I can't say for sure", antwortete ich. "Dr. Snodgrass is with him."
"Tell me all about it." Tony deutete auf einen Stuhl.
Ich war zu aufgeregt, um mich zu setzen, und fuhr fort: "It was a Mr. Walker who found him. His **hat** was a cheap **palm-leaf** one. It was very dirty. His pants and his shirt were **ill-fitting** and dirty too. He was wearing neither a **vest** nor a **neckcloth**, if I remember right. His shoes were worn out and he **was surrounded** by a crowd of drunken men, and so Dr. Snodgrass ordered a room for him, where he could make him comfortable. He was unconscious and so they had to carry him to the carriage as if he was a **corpse**. His **muscles** seemed **paralyzed**."

---

palm-leaf hat ['pɑːmliːf ˌhæt] Palmblatthut **ill-fitting** [ˌɪl'fɪtɪŋ] schlecht sitzend **vest** [vest] Weste **neckcloth** ['nekklɒːθ] Halstuch **to be surrounded** [biː sə'raʊndɪd] umringt sein **corpse** [kɔːrps] Leiche **muscle** ['mʌsl] Muskel **paralyzed** ['pærəlaɪzd] gelähmt

"Poor Poe! He wrote to Mrs. Clemm in July that he had had cholera ... I'll leave for the hospital immediately", wandte Tony sich an mich. "Stay here, will you?"
"Stay here?", fragte ich erstaunt. "What do you mean?"
Tony brummte etwas Unverständliches. "Come on, it's time we forget our differences", verstand ich endlich.
"So you'll take me back again?", fragte ich ungläubig.
"Would you like another try? What do you **reckon**? Would you like to try your skill at the block plane?" Er lächelte mich vorsichtig an.
"I reckon I would." Nichts lieber als das!
"Come along, then. I'll show you what to do." Tony lief vor mir her und zeigte mir einen Schrank, an dem er arbeitete. "I'll send for Frances Abel. She'll help Helen when I'm away." Er schien es sehr eilig zu haben.
Wenig später spannte er die Maultiere an und fuhr davon. Ich sah mich in der Werkstatt um und war, trotz allem, was geschehen war, glücklich. Fast schien es mir, als wäre alles wieder beim Alten.
Helen sang in der Küche und bereitete irgendein – vielleicht kein ungenießbares, aber doch seltsames – Mahl zu. Verwundert schaute sie auf, als ich eintrat. Ich berichtete, was geschehen war und dass ich wieder in der Werkstatt arbeiten würde.
"Henry! What a **tragedy** for Poe, but how wonderful for you and me!" Helen strahlte. Sie folgte mir in die Werkstatt. Noch nie hatte ich mit einer solchen Freude gearbeitet, nicht einmal an meinem ersten Tag bei Tony.
Gegen Mittag hörte ich Frances kommen. Sie sang einen Zungenbrecher, mit dem sie und ihre Geschwister mich

---

to reckon ['rekən] meinen **tragedy** ['trædʒədɪ] Tragödie schon oft aufgezogen hatten, weil es mir noch nie gelungen war, ihn fehlerfrei aufzusagen. Ich trat in den Hof hinaus.

"Betty Botter bought some butter,
But, she said, the butter's bitter.
If I put it in my batter,
It will make my batter bitter.
But a bit of better butter
Is sure to make my batter better.
So she bought a bit of butter
Better than her bitter butter,
And she put it in her batter
And the batter was not bitter.
So 'twas better Betty Botter
Bought a bit of better butter."

Frances winkte mir zu und verschwand im Haus.
Obwohl ich glücklich war, wieder bei meiner geliebten Arbeit zu sein, ließ mich seit dem Morgen, als ich Mr. Poe gesehen hatte, der Gedanke, ihn zu kennen, nicht los. Ich geriet mehr und mehr ins Grübeln. So entschloss ich mich, am Abend selbst ins Krankenhaus zu gehen. Vielleicht ging es ihm inzwischen besser, vielleicht konnte ich ihn sogar besuchen. Helen gab mir für Tony ***onion pie*** mit, der Dank Frances' tatkräftiger Hilfe sehr gut geschmeckt hatte. Ich hörte die beiden eine Weile in der Küche lachen und zetern:
"Take four eggs."
"No, six."
"Hands off!"
"You've got to beat the eggs well."

---

onion pie ['ʌnjən paɪ] Zwiebelkuchen

"The water isn't cold enough to make the pie **crust**", und dergleichen mehr. Aber egal, wie viele Eier sie nun tatsächlich genommen hatten, es war ein gelungener Pie.

Nach dem Essen machte ich mich auf den Weg zum Krankenhaus.

Ich nahm den Weg an der Ruine vorbei. Das Gemäuer hatte weitgehend seinen Schrecken für mich verloren. Nur die Krähen erinnerten mich noch an die düsteren Gefühle, die mich früher hier befallen hatten.

Das Washington College Hospital erschien mir riesig. Es hatte vier Stockwerke und ich konnte mir kaum vorstellen, wie ich mich in einem so großen Gebäude zurechtfinden sollte. Aber man gab mir bereitwillig Auskunft: "There's a **porter's lodge** on the right. You can ask the porter."

Ich fand Tony vor der Tür zu Poes Krankenzimmer.

"Nobody can see him", sagte er niedergeschlagen, "but the doctor has just told me that Poe has been made as comfortable as possible. He **is lapsing in and out of consciousness**. The doctor tried to question him, but nobody could understand his answers." Er blickte traurig zur Tür, hinter welcher der Kranke lag.

Übung 30: Unterstreichen Sie das passende Wort.

"He told the **1.** *(porter/doctor)*, however, that he had a wife in Richmond. But I know that it is not **2.** *(false/true)*. Dr. Moran asked some more **3.** *(answers/questions)* and Poe told him that he did not know when he left Richmond or what had become of his trunk of **4.** *(toys/clothes)*. The doctor said

---

crust [krʌst] Kruste **porter's lodge** ['pɔːrtərz ˌlɑːdʒ] Pförtnerloge
to lapse in and out of consciousness [ˌlæps 'ɪn ənd ˌaʊt əv 'kɑːnʃəsnəs] abwechselnd zu Bewusstsein kommen und das Bewusstsein verlieren

he hoped, that in a few days Poe would be better and could talk to his friends."

Tony sah mich an und ich merkte, dass es ihm sichtlich schwerfiel, mir mitzuteilen, was der Arzt ihm weiter berichtet hatte. "Poe said that the best thing his friend could do would be to **blow out** his **brains** with a **5.** *(pie/pistol)*. He was ready to sink into the earth."

Die Tür zum Krankenzimmer wurde aufgerissen und eine Schwester rief: "**Get** a doctor. Mr. Poe is in a **violent delirium**. There are only two of us here and we can't **handle** him any more."

Ich rannte los und meldete dem Pförtner, dass ein Arzt benötigt wurde. Wenig später erschien Dr. Moran. Gemeinsam mit den Schwestern gelang es ihm, den Kranken zu beruhigen.

"Mr. Poe", ließ der Arzt uns später in seinem Konsultationsraum wissen, "came to Baltimore on his way to Philadelphia. When he got off the Norfolk steamer, he met up with some old friends who **insisted** that he should have a drink with them."

"It's dangerous for him to drink." Tony machte ein nachdenkliches Gesicht und nahm dankend den Kaffee an, den eine Schwester brachte. Auch ich erhielt einen Becher.

Der Arzt fuhr fort: "Unfortunately he said yes. It was the first drink he had had in months."

"What terrible friends!" Tony war empört.

---

to blow out sth. [ˌbloʊ ˈaʊt] etw. wegpusten **brains** [braɪnz] Gehirn **to get sb.** [get] jdn. holen **violent** [ˈvaɪələnt] überaus heftig **delirium** [dɪˈlɪrɪəm] Wahnzustand **to handle sb.** [ˈhændl] mit jdm. fertig werden **to insist** [ɪnˈsɪst] darauf beharren

“He lost all his clothes. We will do our best to make him better.”
“I hope and pray he’ll come through”, flüsterte Tony mit Tränen in den Augen. “This great poet is well known in all this country and he has readers in England and in several of the states of Continental Europe. At the moment he isn’t himself anymore.” Sorgenvoll sah er mich an. “You’d better go home now, Henry.”
Schweren Herzens ließ ich ihn im Krankenhaus zurück und machte mich auf den Weg zu Witwe Abel, um meine Sachen zu holen.
“How terrible”, meinte Mrs. Abel, als ich ihr erzählte, was sich ereignet hatte und dass ich zurück zu den Stones gehen wollte.
Aber Rascal sagte: “I feel terrible because Henry is going to leave us and Frances too.”
Frances und ich versprachen ihm, dass er mich so oft er wollte, besuchen könne.
Gleich am nächsten Morgen wollte ich zur Werft gehen, um zu kündigen und mich von Conner zu verabschieden. Ich fühlte mich befreit und glücklich, wieder dort leben und arbeiten zu können, wo ich wollte.

Thirteen

Seit vier Tagen wartete Tony nun schon im Krankenhaus vor Mr. Poes Tür auf eine Besserung seines Zustandes. Mehrmals war er kurz nach Hause gekommen, hatte sich gewaschen, umgezogen und in die Werkstatt geschaut, in der ich einen großen Esstisch mit zwölf Stühlen anfertigte. Schlaf fand er in dieser Zeit fast gar nicht.
Ich hatte mir angewöhnt, jeden Morgen kurz bei ihm vorbeizuschauen, ihm etwas zu essen zu bringen und zu hören, ob es irgendeine Veränderung gab. An diesem Morgen stand Tony am Fenster und sah über die Stadt. Ein Sturm kam auf und blies dunkle Wolken vor sich her. Nicht weit entfernt ragte das Washington Monument empor.

Übung 31: Setzen Sie die richtige Form des Verbs "to be" ein.

"This **1.** ___________ one of my first **impressions** of America when I reached Baltimore", sagte ich, als ich zu ihm trat.

"How long **2.** ___________ you here now?", fragte er und beantwortete sich die Frage gleich selbst. "One and a half years, I think."

"A lot has happened since my arrival", erwiderte ich statt einer Antwort.

"After all, your life **3.** ___________ only just beginning." Er sah mich nachdenklich an.

---

impression [ɪm'preʃən] Eindruck

"When did you last speak to the doctor?", fragte ich zögernd.

"About half an hour ago. The nurses and a doctor

4. ___________ in his room. What do you think?

5. ___________ that a good or a bad sign?"

Ich antwortete nicht, weil ich es genauso wenig wusste wie er.

Tony sah zur Tür von Poes Krankenzimmer. "I **6.** ___________

happy when the waiting is over but I **7.** ___________ not sure

how things will turn out."

Ich gab ihm sein Päckchen mit dem Frühstück, das heute Frances zubereitet hatte, und er lächelte, als er es auspackte. Es sah appetitlich aus und war liebevoll zubereitet. Frances war mitten in der Nacht aufgestanden, um frisches Brot zu backen.

"It's good to have Frances to help with **household chores**."

"It's a change for the better", sagte ich, "because Helen has to leave the kitchen."

"I know", sagte Tony da verschwörerisch, "that secretly she is trying her hand at wood carving. She is working on little figures, toys, faces, animals and trees. She gives them to the children next door. Maybe it's time to let her do some carving. The main thing is that she's happy."

Ich wusste es längst, hatte bemerkt, wie sie kleine Holzstücke aus der Werkstatt holte und damit verschwand. Ich hatte gehört vom Rätselraten der Nachbarn, die manchmal morgens vor ihrer Haustür eine kleine, fein geschnitzte Katze,

---

household chore ['haʊshoʊld tʃɔːr] Hausarbeit

einen Hund, eine Kuh oder ein Pferd fanden, damit die Kinder ein Spielzeug hatten. Einmal sah ich Kinder mit einer Figur spielen, die verblüffende Ähnlichkeit mit Fitz hatte. Aber es war ein anderer Fitz – so wie er aussehen könnte, wenn er nicht trinken würde. Oftmals hatte ich Holz, das sich für Schnitzarbeiten eignete, so hingelegt, dass Helen einfach darüber stolpern musste. Und jedes Mal war das Holzstück nach einer kurzen Weile verschwunden.

Die Tür zu Mr. Poes Zimmer öffnete sich und eine Schwester trat auf uns zu: "Do you know a relative or friend of Mr. Poe's called Reynolds?", fragte sie ruhig.

"I've never heard of anybody named Reynolds." Tony sah sie ratlos an, doch die Schwester drehte sich nur dankend um und verschwand wieder hinter der Tür.

"You'd better go home now", wandte Tony sich an mich. Helen war allein im Haus, denn Frances war mit mir gegangen, um ihre Mutter und die Geschwister zu besuchen. Da Helen immer noch nicht ganz bei Kräften war, wollte ich nicht, dass sie über längere Zeit alleine blieb.

Der Sturm war stärker geworden, und obwohl es noch früh am Morgen war, war es fast dunkel. Noch regnete es nicht. Als ich von der Straße auf den Weg abbog, der zu Tonys Haus führte, rannte ich mehr als ich lief. Ich achtete kaum auf die Krähen, die vor mir herflatterten, als wollten sie sich mir in den Weg stellen. Ungefähr auf der Höhe von Fitz' Haus angekommen, sah ich Rauchfetzen genau dort aufsteigen, wo Tonys Haus sein musste. Pluto schoss an mir vorbei und sprang mit langen Sätzen zwischen den Bäumen davon.

"Fitz! Fire! Fire!" Ich rief, so laut ich konnte, und hoffte, dass er sich nicht irgendwo herumtrieb, sondern zu Hause war. "Help! Tony's house is on fire."

"I'm coming", hörte ich ihn im gleichen Moment zurückrufen. "First I'll strike the fire house bell." Und schon zerschnitt der hohe Ton der Feuerglocke die Stille.
Obwohl die Häuser hier außerhalb der Stadt weit voneinander entfernt standen, konnte ich hören, wie mehrere Glocken in Bewegung gesetzt wurden. Kurz darauf ertönten Kirchenglocken.
Fitz rief mir zu: "Don't be afraid. We have got a good **volunteer** fire company. Make sure that the watchman in the tower has seen the smoke trail."
Gegen den Sturm kämpften wir uns weiter voran und atemlos erreichten wir Tonys Haus. Dicke Rauchschwaden stiegen aus den Fenstern. Helen, schoss es mir durch den Kopf. Wo war Helen?
Ich rannte um das Haus herum. Die Rauchschwaden wurden stärker und hier und da sah ich Flammen aufzüngeln. Durch den Sturm wurde das Feuer noch kräftiger entfacht. Der Rauch biss in meinen Augen und das Atmen fiel mir schwer. Ich spürte, wie die Hitze auf meinem Gesicht brannte.

Übung 32: Setzen Sie die folgenden Imperative (Befehlsform der Verben) ein, gegebenenfalls mit der Verneinung "don't". *(take, wait, follow, go, cover, be)*

"Helen!", rief ich verzweifelt. "Helen, where are you?"

"Perhaps she's in the house." Fitz tauchte neben mir auf und hielt mir ein in Wasser getränktes Stoffstück hin."

1. ____________ this, **2.** ____________ your face and

---

volunteer [ˌvɑːlən'tɪr] freiwillig

3. ____________ me! And whatever you do, **4.** ____________ careful!"

Ich zögerte. Von Weitem sah ich Menschen mit Eimern in der Hand auf das Haus zurennen. In der Ferne hörte ich die schrille Glocke der *volunteers*, die mit ihrem Pferdewagen schon auf dem Weg hierher waren. Ein Mann kam auf uns zugestürzt und versuchte uns zurückzuhalten. "**5.** ____________ in!", schrie er. "It's too dangerous. The volunteer fire companies will be here in a minute. **6.** ____________ for them."

Aber nichts hätte mich davon abhalten können, nach Helen zu suchen. Fitz ging voraus und ich folgte ihm.
"I think she was in the kitchen", schrie er. Wir kämpften uns hustend durch die Diele. Flammen fraßen sich am Holz hoch. Ich stolperte über einen schwelenden Balken und ließ das Tuch fallen, das ich mir auf den Mund gepresst hatte. Aber der Gedanke an Helen trieb mich vorwärts. Dicke Rauchschwaden nahmen mir die Sicht, aber ich hätte die Küche auch blind gefunden. Die Feuerwehr musste inzwischen angekommen sein, denn das Bimmeln der Glocke war verstummt.
Endlich erreichte ich die Küche. "Look! She's lying over there!" Fitz beugte sich über eine Gestalt, die auf dem Fußboden lag.
Helen war bewusstlos. Hustend und mit brennenden Augen trugen wir sie hinaus. Ein Schwall Wasser empfing uns. Die Feuerwehrmänner hatten inzwischen einen Schlauch zum

public fountain gelegt und pumpten nach Leibeskräften. Schon Jahre zuvor waren überall in der Stadt Hydranten und in den Außenbezirken Brunnen für die ***bucket brigades*** eingerichtet worden. Und in diesem Moment setzte auch der Regen ein, den der Sturm angekündigt hatte.

"I'll take her to the hospital", keuchte Fitz, nachdem er wieder zu Atem gekommen war. "It's the smoke that's gotten to her."

Fitz stieg auf sein Pferd und zusammen mit einem Nachbarn hoben wir Helen zu ihm hoch. Sie war rußverschmiert, ihre Haare und Augenbrauen versengt. An der rechten Hand hatte sie eine Brandwunde. Als Fitz losritt, öffnete sie kurz die Augen und sah sich erschreckt um. Fitz hielt sie mit sicherem Griff und sprach beruhigend auf sie ein.

"Her father is still at the Washington College Hospital", rief ich ihm nach. "Take her there." Aber er schien mir nicht zuzuhören.

"Go to the **feedlot** and fetch the brown **mare**, so you can follow me", rief er mir noch zu und war schon verschwunden.

Leichter gesagt als getan. Ich wusste, wo Fitz' Pferde standen und kannte auch die braune Stute, aber ich war noch nie auf ein Pferd gestiegen, geschweige denn auf einem geritten. Vorsichtig näherte ich mich dem Tier und sprach beruhigend auf es ein. Ich legte ihm den Sattel um und versuchte aufzusitzen, aber in meiner Aufregung gelang es mir nicht. Kurzentschlossen lief ich zurück zum Haus, wo Nachbarn und Feuerwehr noch immer mit Löschen beschäftigt waren, spannte die Maultiere an und machte mich auf den Weg in die Stadt.

---

public fountain [ˌpʌblɪk ˈfaʊntən] öffentlicher Brunnen **bucket brigade** [ˈbʌkət brɪˌgeɪd] Eimerkette **feedlot** [ˈfiːdlɑːt] Weide **mare** [mer] Stute

Endlich sah ich das Washington College Hospital vor mir. Als ich den Eingang erreichte, stand Fitz auf den Stufen und wartete auf mich. Er führte mich zu Tony, der vor dem Krankenzimmer stand, in dem Helen lag.
"She's out of danger", sagte Tony. "Fitz and you saved her life. It was **a close call.**"
"Are we allowed to visit her?", fragte ich besorgt.
"Not at the moment. She needs her rest", erklärte Tony. "Life and death are so close to each other ..." Er brach ab. Fragend sah ich zu Fitz.
"Edgar Allan Poe is dead", antwortete er mir. "He died at 5 o'clock in the morning."
"It happened shortly after you left me", sagte Tony. "He was either unconscious or delirious the entire time except for when he woke up calling for Reynolds, which he did throughout the night. You heard it too, Henry, didn't you?"
Ich nickte.
"Then", redete Tony weiter, "there was a change: He became quiet and seemed to rest a while. He moved his head gently and said 'Lord help my poor soul'. Then he died." Tony verstummte. Er schien nachzudenken. "As far as I can remember there is a character called Reynolds in *The Narrative of Arthur Gordon Pym of Nantucket*", fuhr er fort. "But I don't know if that has anything to do with it."
Fitz wurde unruhig. Er wollte nach Hause reiten, um zu sehen, ob die Feuerwehr den Brand unter Kontrolle gebracht hatte. Gemeinsam gingen wir hinaus, Tony, Fitz und ich. Tony strich dem Pferd, das Helen hierhergetragen hatte, zart über die Nüstern.

---

a close call [ə ˌkloʊz ˈkɒːl] knapp

"His name is Lion", ließ sich da Fitz vernehmen. "He is my very best horse."
Tony hatte Tränen in den Augen, als er Fitz ansah: "I can never thank you enough for everything you've done for me."
"Never mind." Fitz sah verlegen aus.
Eine Schwester war uns gefolgt und trat jetzt zu Tony. "Mr. Poe's funeral will take place tomorrow at 4 o'clock p.m.", sagte sie. "And you, Mr. Stone, can visit your daughter now."
"May I also visit her?", fragte ich schnell.
"Yes, but no more visitors than that."
"I'll return home." Fitz reichte Tony die Hand und Tony ergriff sie. Nie hatte ich erlebt, dass Freude und Trauer so dicht beieinanderlagen.
Wir folgten der Schwester zurück in das Hospital. Helen lag blass in ihren Kissen. Tony beugte sich über sie und strich ihr zärtlich über das Haar. "I cannot understand how all this could happen", sagte er sanft.
"I was working in the kitchen", entgegnete Helen mit schwacher Stimme, "when I **stumbled over** Pluto. I had the oil lamp in my hand. There were flames everywhere. Then I **blacked out**."
"You will never have to cook again." Tony sah sie liebevoll an.
"Really?", antwortete sie. "I won't need to prepare a meal again?"
"This should happen never again", Tony sah aus, als leiste er einen Schwur.

---

to stumble over sb. [ˌstʌmbl 'oʊvər] über jdn. stolpern **to black out** [ˌblæk 'aʊt] ohnmächtig werden

Übung 33: Setzen Sie das richtige Modalverb (oder die richtige Umschreibung) ein.
(can, may, should, needn't, can't, will have to)

1. Henry ____________ visit Helen.
2. Henry ____________ ride horses.
3. Lenore ____________ ride very well.
4. Tony ____________ say good-bye to Poe forever.
5. Helen ____________ cook again.
6. This kind of thing ____________ never happen again.

"You'd better concentrate your energies on wood carving, rather than setting fire to the house. Shall we ask Mrs. Abel to do the house keeping? She and her children can move in, and she can give up her cannery work for good."
"That is a great idea, Father. And I can become a skilled carpenter." Helen strahlte.
"Have you seen Pluto? Is he all right?", wandte sie sich nun angstvoll an mich. Ich konnte sie beruhigen. Zufrieden schloss sie die Augen und schlief ein.
Gemeinsam machten wir uns mit dem Maultierwagen auf den Rückweg.
"Four days ago I met Helen at the ruin", begann ich. "She wanted to know what had happened to her mother."
"Did she ask you?" Es war die alte, bärbeißige Stimme Tonys.
"No, but she knows that she wouldn't get an answer from you."
Tony schwieg.
"I know the answer", sagte ich einfach.

“You know the answer?” Ich wusste, dass Tony mir nicht glaubte.
“Helen had just left when a stranger appeared. He told me that a horse had killed your wife.”
Tony antwortete nicht, aus den Augenwinkeln sah ich aber, dass er blass geworden war.
Wir hielten an der Ruine und gingen hinein. Der Herbst hatte die Blätter der Bäume rot gefärbt; die Blumen auf dem Stein waren farblos und verblichen. Eine Krähe stand auf dem Stein und sah uns mit zur Seite geneigtem Kopf an. Sie hüpfte auf uns zu, krächzte und erhob sich in die Luft. Tony sah sich um, atmete tief ein und verließ mit langsamen Schritten das Gemäuer. Ich folgte ihm schweigend.
“You’re right”, nahm er unser Gespräch wieder auf, als wir den Weg fortsetzten. “I have been silent for too long. Did you recognize the stranger?”
“No, I’m sorry, I didn’t.”
Bald darauf standen wir vor dem vom Feuer gezeichneten Haus.
“I can help you to restore your home.” Fitz war zu uns getreten. “You can stay with me for a while.”
“That’s very kind of you, Fitz. But I think we can live here. It’s mainly only the kitchen which has burned.”
“Don’t worry, the horses are in the **stable**”, sagte Fitz.
“Thanks a lot for your offer. By the way, you can bring along as many horses as you like.”

---

stable ['steɪbl] Stall

Fourteen

Es war Dezember und wie vor einem Jahr saßen wir um den Kamin. Das Haus war wieder bewohnbar, und Mrs. Abel, die ihre Arbeit in den *canneries* mit Freuden aufgegeben hatte, arbeitete als Haushälterin bei Tony. Sie hatte ***buckwheat cakes*** zubereitet und setzte sich jetzt zu uns. Wie hatte sich unsere kleine Gemeinschaft verändert. Roderick und Lenore fehlten, wir hatten bis heute nichts von ihnen gehört. Fitz war mittlerweile ein ständiger Gast im Haus. Tony hatte in ihm den Freund wiedergefunden, der er ihm vor dem Tod Eleonores gewesen war.

"Here is the news", sagte Fitz und griff in die große Schüssel mit *buckwheat cakes*, "*Henry's Pain* will have a **foal** next year. I remember very well that Henry enjoyed trying to ride on her two months ago. What a day! But you've already improved", teilte er mir gnädig mit und grinste mich an.

"By the way, there's one thing I'd like to know", sagte Tony unvermittelt, "the doctors told me that Helen was drunk when you took her to hospital. How could such a thing happen?"

"The best way to attempt to revive somebody is to pour whiskey down his throat, isn't it?" Fitz lachte rau. Er hatte Helen auf dem Weg zum Krankenhaus von Zeit zu Zeit Whiskey aus seiner Flasche eingeflößt, aus medizinischen Gründen sozusagen.

Ich sah zu Tony und Fitz hinüber und musste an den Verdacht denken, den ich monatelang gehegt hatte. Weder war Tony Metzengerstein noch Fitz Berlifitzing. Sie waren

---

buckwheat cake ['bʌkwiːt keɪk] Buchweizenküchlein **foal** [foʊl] Fohlen

einfach nur zwei ungleiche Männer, die endlich wieder einen Weg zueinander gefunden hatten.
"Now I want Helen to go on with *Hop-Frog*, please", sagte Mrs. Abel.
"Who is *Hop-Frog*?", wollte Fitz wissen. Er war am Abend zuvor, als Helen angefangen hatte, die Geschichte vorzulesen, nicht dabei gewesen.
"It's a horror story by Poe which is printed in the newspaper. Hop-Frog is a **deformed dwarf** who has to **amuse** a king and his seven court ministers", antwortete Helen. "He is in love with a young girl called Trippetta. One day the king throws a **goblet of wine** in her face and Hop-Frog becomes very angry. So, to get **revenge**, he dresses up the king and his ministers as **ourang-outangs** for a **masquerade**. The king and his ministers think that it is part of a practical joke, but eventually Hop-Frog **chains** them **to** a **chandelier hook** and sets fire to the great king and his seven **advisers**. Now go on Henry."
Ich nahm die Zeitung und las den Rest der Geschichte vor.
"It's terrible, isn't it?" Helen war bleich geworden. "But I'm glad that Hop-Frog and Trippetta escaped."

Übung 34: Welches Wort passt nicht in die Aufzählung? Unterstreichen Sie den falschen Begriff.

1. king, ministers, advisers, frog
2. johnnycakes, dust, appleade, pie

---

deformed [dɪ'fɔːrmd] verkrüppelt **dwarf** [dwɔːrf] Zwerg **to amuse sb.** [ə'mjuːz] jdn. unterhalten **goblet of wine** [ˌɡɑːblət əv 'waɪn] Weinbecher **revenge** [rɪ'vendʒ] Rache **ourang-outang** [ə'ræŋətæŋ] Orang-Utan **masquerade** [ˌmæskə'reɪd] Maskerade **to chain sb. to sth.** ['tʃeɪn / tə] jdn. an etw. anketten **chandelier hook** [ˌʃændə'lɪr hʊk] Haken des Kronleuchters **adviser** [əd'vaɪzər] Berater

3. Washington Monument, Nat's Tavern, The Black Forest, Chesapeake Bay
4. sonnet, poem, practical joke, novel
5. wagon, carpenter, caulker, mower

"It is one of Mr. Poe's last stories", bemerkte Tony nachdenklich.
"You **attended** his funeral, didn't you?", wandte Helen sich an ihn. "You've never spoken about it."
Tony lehnte sich zurück und dachte einen Moment nach, bevor er sprach.
"When I arrived at the hospital they were taking his plain coffin to a **hearse**."
Ich wusste, dass Tony gern den Sarg gemacht hätte. Aber alles war schon arrangiert gewesen und man hatte ihn nicht gefragt.
"One of the **onlookers** said: 'That is the body of a great poet, Edgar Allan Poe. Children everywhere will learn all about him some day.' Two men entered the only carriage that followed the hearse and I followed too", fuhr Tony fort. "The burial ceremony did not take more than three minutes. It was **cold–blooded** and unchristianlike. But I think, if his death had been known, a larger crowd would have followed the coffin."
Tony schwieg.
Niemand sprach ein Wort.
Er nahm einen Schluck aus seinem Kaffeebecher und sagte: "He was buried in a small Presbyterian cemetery. After the

---

to attend sth. [ə'tend] bei etw. anwesend sein **hearse** [hɜːrs] Leichenwagen **onlooker** ['ɑːnlʊkər] Zuschauer **cold-blooded** ['koʊld'blʌdɪd] gefühllos

group had left, I went to the grave to say goodbye to him. I then left the cemetery with a sad heart. In the end, we have to accept that his death **remains** mystery."

Wir hörten, dass sich draußen ein Pferd näherte. Jemand sprang ab, Schritte kamen auf die Tür zu und gleich darauf klopfte es laut und vernehmlich.

"Who could this be at this time?" Helen, die immer für Abwechslung zu haben war, sprang auf und wollte zur Tür laufen.

"Wait", sagte ihr Vater "I'd better check."

"Is anybody there? The ghost of December?" Helen war nicht aufzuhalten und riss die Tür auf. In der Dunkelheit waren die Umrisse eines großen Mannes zu erkennen, der seinen Hut in der Hand hielt.

"My name is Jim Jefferson", sagte er. "I've got a letter from Lenore and Roderick. Are you the Stones?"

Helen und Tony baten ihn herein. Beide redeten gleichzeitg auf den Mann ein, bis Mrs. Abel eingriff.

"Just look at him", sagte sie, "he is **dusty** and tired out. Give him a chair. I'll fetch the teapot. A cup of tea will do him good."

"Tea?", rief Fitz. "She must be mad. Bourbon, that's all he needs to drink." Und aus den Tiefen seiner Jacke kramte er eine Flasche hervor, die Jim Jefferson dankbar annahm.

"Thank you, Sir. That is mighty kind." Er stellte die Flasche ab und stieß einen tiefen Seufzer aus. Jetzt konnte ich ihn mir in Ruhe ansehen. Er musste einer der *guides* sein, die *wagon trains* nach Westen begleiteten.

Jim Jefferson grinste mich an, als ahnte er, was ich gerade dachte.

---

to remain [rɪ'meɪn] bleiben **dusty** ['dʌstɪ] staubig

Übung 35: Setzen Sie die folgenden Substantive ein.
(difference, clothes, guides, trousers, women, gold-seekers, trek)

"Yes, I'm one of these **1.** ______________ who **accompany** **2.** ______________ on their way to California." Er wandte sich an Helen. "You look as if you're going on a long **3.** ______________ too. You have the right **4.** ______________ on ."

Helen lachte. "Do all the women who set out for the West wear **5.** ______________?", fragte sie.

"Heaven forbid", antwortete Jefferson, "only a few dress like you."

Fitz hielt ihm die Whiskeyflasche hin, er nahm einen Schluck und sprach weiter. "But they are the toughest **6.** ______________ I ever **came across.** All in all, it doesn't make any **7.** ______________ to me because you need to be pretty tough to set off for California."

Tony warf seiner Tochter einen entsetzten Blick zu. "Don't tell me you want to join the Trail", sagte er.
"Don't worry about that!", lachte Helen. "But I think Roderick made the right choice."

---

to accompany sb. [ə'kʌmpənɪ] jdn. begleiten **to come (came, come) across sb.** [ˌkʌm / ˌkeɪm / ˌkʌm ə'krɑːs] jdm. begegnen

Mrs. Abel hatte inzwischen alles aufgetischt, was die Küche zu bieten hatte, und sah missbilligend auf die Whiskeyflasche, die zwischen Fitz und Jefferson stand. Demonstrativ stellte sie die Kanne mit dem Tee auf den Tisch und setzte sich wieder.

"Well, what about telling us something about Lenore and Roderick. You know so much more about them than we do", bat Fitz.

"I don't think I have met a happier couple", begann Jefferson zu berichten. "I was on my way back to Independence when I met them. They are in pretty good health and their child is **as fit as a fiddle**."

Jetzt war es Fitz, der fassungslos rief: "Their child? They married in February!"

"Please don't misunderstand me. They are **rearing a child** whose parents died on their way to California. Roderick is a good newspaper man", sagte Jefferson und wollte Tony einen Brief überreichen. Helen war schneller und riss ihn ihm aus der Hand.

"Read it to us, will you? You know, we're all dying of curiosity", mahnte Tony, als Helen den Brief aufriss und sich neben die Lampe setzte.

Das stimmt, dachte ich. Lenore und Roderick hatten nicht nur eine Schwester und eine Schwägerin, sondern auch zwei Väter, die ungeduldig auf eine Nachricht warteten. Und nicht nur das, auch Mrs. Abel und ich waren begierig zu erfahren, was die beiden erlebt hatten.

"What are we waiting for?", warf ich daher ungeduldig ein.

"Listen", sagte Helen aufgeregt und las:

---

as fit as a fiddle [əz 'fɪt əz ə 'fɪdl] quietschvergnügt **to rear a child** ['rɪr ə 'tʃaɪld] ein Kind aufziehen

Übung 36: Setzen Sie die Verben in der richtigen Zeitform ein.

"Dear All,

We **1.** ***(to be)*** ____________ in the best of health. Up to now, on our trip across the plains, we **2.** ***(to have)*** ____________ a hard time but nothing more than normal here. Last week we **3.** ***(to reach)*** ____________ Chimney Rock. It **4.** ***(to stand)*** ____________ alone and you can see it from many miles away as a **landmark** along the California Trail. We **5.** ***(to climb)*** ____________ up about 150 feet to cut our names in **rock**. At sunset we **6.** ***(to have)*** ____________ a **splendid** view westward of some of the most beautiful wild and romantic scenery we **7.** ***(to see)*** ____________ ***(ever)***. Lenore **8.** ***(to bring)*** ____________ ***(just)*** me some flowers and grass. I **9.** ***(to enclose)*** ____________ some of the flowers. In the early morning, you feel that you're alone with the sky, the sunlight and the clouds ..."

Wir hörten gebannt zu, als würde uns gerade erst bewusst, auf welch einem Weg sich Roderick und Lenore befanden.

---

landmark ['lændmɑːrk] Wahrzeichen **rock** [rɑːk] Stein **splendid** ['splendɪd] herrlich **to enclose sth.** [ɪn'kloʊz] etw. beilegen

"Two weeks ago we saw nothing but rock, sand, clay, ashes and dead animals. But strange things happened too. Some of the gold-seekers and farmers said they had seen an elephant or that **they had felt the 'brush of the elephant's tail'**. But don't worry! We haven't had that experience yet. It's nothing but a **mirage**.
We **adopted** a two-year-old boy after his parents died on the Trail – so now there are three of us.
Don't worry about us. There really isn't any need. We're perfectly safe and happy.
Yours with love
Lenore, Roderick and Jeremiah."

Ich ging hinaus und sah in die Nacht. Wie glücklich war ich, hier zu sein. Wie sehr hoffte ich, diesen Ort niemals mehr verlassen zu müssen. Gerade als ich wieder zurück ins Haus gehen wollte, rissen die Wolken auf. Die Ruine lag im silbrigen Mondlicht. Ich konnte die Silhouette einer Krähe erkennen, die direkt vor mir in einem Baum saß, und als hätte mir jemand die Worte Poes zugeflüstert murmelte ich:

"Some late visitor ... at my chamber door – This it is and nothing more."

They had felt the 'brush of the elephant's tail'. [ˌðeɪ əd ˈfelt ðə ˌbrʌʃ əv ən ˈeləfənts teɪl] Der Elefant war so dicht an ihnen vorbeigegangen, dass sein Schwanz sie gestreift hat. **mirage** [mɪˈrɑːʒ] Fata Morgana **to adopt sb.** [əˈdɑːpt] jdn. adoptieren

Übung 37: Edgar-Allan-Poe-Quiz

Welche Antwort/en ist/sind richtig? Kreuzen Sie an.

1. Edgar Allan Poe was born in
   a. ☐ Baltimore
   b. ☐ Boston
   c. ☐ Broadway

2. His parents both died when Poe was
   a. ☐ a child
   b. ☐ a teenager
   c. ☐ a grown man

3. Poe knew somebody called Maria Clemm. She was
   a. ☐ his aunt
   b. ☐ his cousin
   c. ☐ his daughter

4. Virginia was his
   a. ☐ cousin
   b. ☐ aunt
   c. ☐ wife

5. Which of the following works did Poe not write?
   a. ☐ *The Fall of the House of Usher*
   b. ☐ *The Masque of the Red Death*
   c. ☐ *The Gold Nugget*
   d. ☐ *Lenore*
   e. ☐ *The Raven*
   f. ☐ *Hop-Frog*

6. Edgar Allan Poe died in
   a. ☐ Independence
   b. ☐ Providence
   c. ☐ Baltimore

"Once upon a midnight dreary, while I pondered, weak and weary,
Over many a quaint and curious volume of forgotten lore –
While I nodded, nearly napping, suddenly there came a tapping,
As of some one gently rapping, rapping at my chamber door.
'Tis some visitor,' I muttered, 'tapping at my chamber door –
Only this and nothing more.'"

(E. A. Poe, *The Raven*)

Daten zu Leben und Werk Edgar Allan Poes

1809 Edgar Poe wird am 19. Januar in Boston geboren.

1810 David Poe, Edgars Vater, stirbt in Norfolk, Virginia. Geburt von Rosalie, der Schwester Edgars.

1811 Elizabeth Poe, Edgars Mutter, stirbt. Edgar kommt als Pflegekind in die Familie John Allan.

1815 Umzug nach England mit der Familie Allan.

1818 Edgar kommt in ein Internat in Stoke Newington, in der Nähe von London.

1820 John Allan gerät in Zahlungsschwierigkeiten, die Familie kehrt zurück nach Richmond.

1820–1823 Schulbesuch. Poe beginnt mit dem Schreiben von Spottversen.

1826 Beginn des Studiums der alten und neuen Sprachen an der Universität Virginia in Charlottesville. Poe arbeitet an seinem ersten Gedichtband *Tamerlane and Other Poems*. Im Dezember verlässt er die Universität.

1827 Bruch mit dem Stiefvater John Allan. Poe tritt unter dem Namen Edgar A. Perry in die Armee ein.

1829 Frances Allan, die Pflegemutter Poes, stirbt. *Tamerlane* wird veröffentlicht. Eintritt in die Militärakademie von Westpoint. Mehrere Gedichte entstehen, unter ihnen *To Helen* und *Israfel.*

1831 Poe zieht, nach seiner Entlassung aus der Armee, zu seiner Tante, Maria Clemm, nach Baltimore. Er arbeitet an *Israfel.*

1832 *Metzengerstein* erscheint im *Saturday Courier*.

1834 John Allan stirbt. Poe beerbt ihn nicht.

1835 Poe ist Redakteur beim *Messenger*. Er lebt mit seiner Tante und deren Tochter Virginia in Richmond.

1836 Poe etabliert sich allmählich als Kritiker. Er heiratet die dreizehnjährige Virginia.

1837 Alkoholprobleme, Poe gibt seine Stelle beim *Messenger* auf und zieht nach New York.

1838 Umzug nach Philadelphia.

1839 Redakteur bei *Burton's Gentleman's Magazine*. *The Fall of the House of Usher* und *Sonnet – Silence* erscheinen.

1840 Poe verlässt das *Gentleman's Magazine* und versucht, ein eigenes Magazin zu gründen.

1841 Chefredakteur von *Graham's Lady's and Gentleman's Magazine*.

1842 Virginia Poe erkrankt. *The Masque of the Red Death* erscheint.

1843 Weiterer Versuch, ein eigenes Magazin zu gründen. *The Gold-Bug*, *Lenore* und *The Black Cat* erscheinen. Poe hält Vorlesungen über amerikanische Dichtung in Philadelphia.

1844 Vorlesungen in Baltimore und Reading. Poe schreibt unter anderem an dem Gedicht *The Raven*. *The Premature Burial* erscheint. Er wird Mitherausgeber des *Broadway Journal*.

1845 *The Raven* erscheint.

1846 Das *Broadway Journal* wird eingestellt. Umzug nach Fordham.

1847 Virginia Poe stirbt. Poe arbeitet unter anderem an *Eureka*.

1848 *Eureka* erscheint. Vorlesung in Providence.

1849 Letzte Erzählungen und Gedichte, darunter *Eldorado* und *Hop-Frog*. Planung eines neuen Literaturmagazins. Zusammenbruch Poes in Philadelphia. Er leidet unter Halluzinationen, Fieber und Ausfallerscheinungen.

Poe feiert Erfolge mit *The Raven*. Im Juli und August ist er in Richmond. Vorlesung über *The Poetic Principle*. Begegnung mit der Jugendliebe Sarah Elmira Shelton, Heiratspläne.
September: Poe bricht zur Heimreise nach Fordham auf.
3. Oktober: Er wird bewusstlos in Baltimore aufgefunden.
Poe stirbt am 7. Oktober im Washington College Hospital in Baltimore.

In diesem Buch zitierte Texte wurden folgenden Werken entnommen:

Edgar Allan Poe: The Fall of the House of Usher and other Writings. Penguin Classics 1986.
Edgar Allan Poe: Der Rabe. Gedichte und Essays. Gesammelte Werke in 5 Bänden. Band V. Haffmans Verlag, Zürich 1994.
The Complete Works of Edgar Allan Poe (Virginia Edition), ed. by James Harrison, 17 vols, vol II, New York 1902ff.
J.R. Hammond: An Edgar Allan Poe Companion. A guide to the short stories, romances and essays, Houndmills, Basingstoke, Hampshire and London 1981, repr 1983, 1985.
Dwight Thomas and David K. Jackson: The Poe Log. A Documentary Life of Edgar Allan Poe 1809–1849, Boston 1987.
Sherry H. Olson: Baltimore. The Building of an American City. The Johns Hopkins University Press, Baltimore, Maryland 1980.
Elizabeth Fee, Linda Shopes, Linda Zeidman (Eds.): The Baltimore Book. New Views of Local History. Temple University Press: Philadelphia 1991.
John F. Stover: History of the Baltimore and Ohio Railroad. Purdue University Press, West Lafayette, Indiana 1987.

Thanks to Mr. Stephen Heaver, director and curator of the Fire Museum of Baltimore, who supplied us with information about volunteer fire companies in 1849.

Lösungen

Übung 1

1. false, 2. false, 3. false, 4. true, 5. false, 6. true

Übung 2

1. was, 2. couldn't, 3. died, 4. were, 5. exploded, 6. sank

Übung 3

1b, 2e, 3d, 4f, 5a, 6g, 7c

Übung 4

2. Tony's daughter is called Helen. 3. Tony's wagon is pulled by mules. 4. The color of Tony's daughter's cat is black. 5. Tony's favorite author is Edgar Allan Poe. 6. Tony's nickname is Mule. 7. Tony's real name is Anton Stein. 8. Tony doesn't like horses.

Übung 5

1. porch, 2. rough, calm, 3. Raven, 4. lemonade, 5. ruin, 6. eyes, crows

Übung 6

1. lovely, 2. German, 3. American, 4. quiet, 5. glad, 6. decent

Übung 7

1d, 2f, 3e, 4g, 5h, 6b, 7c, 8a

Übung 8

1. by, 2. about, 3. of, 4. to, 5. for, 6. of

Übung 9

1. Baltimore, Maryland, 2. Black, 3. Mule, 4. Medora, 5. mother, 6. block

Übung 10

1. hard, 2. seriously, 3. usually, 4. good, 5. badly, 6. quickly, 7. nice, 8. sure, 9. poor, 10. mysterious

Übung 11

1. false, 2. true, 3. true, 4. true, 5. false, 6. true

Übung 12

1. place, 2. desk, 3. daylight, 4. candles, 5. whale oil, 6. lamp, 7. night, 8. house, 9. bar, 10. fireplace, 11. room, 12. winter

Übung 13

1. summer, 2. cousin, 3. died, 4. coffin, 5. drunk, 6. poems

Übung 14

1d, 2e, 3f, 4a, 5c, 6b

Übung 15

2. freer, 3. better, 4. more interesting, 5. more successful, 6. foggier, 7. more difficult

Übung 16

1d, 2g, 3f, 4a, 5b, 6e, 7c

Übung 17

1. every, 2. no, a few, 3. any, a few, 4. a few, 5. every

Übung 18

1. Henry followed Roderick to the ruin. 2. He noticed that Lenore was hiding in the ruin. 3. Roderick started talking to her. 4. They rode away on two horses. 5. Henry walked back to Tony's house. 6. Helen said that he looked a mess.

Übung 19

1. Where, 2. Why, 3. Who, 4. When, 5. How, 6. Which

Übung 20

1. false, 2. true, 3. true, 4. false, 5. true, 6. true, 7. false, 8. true

Übung 21

1i, 2c, 3g, 4d, 5f, 6j, 7h, 8a, 9e, 10b

1. First wash, core and cut four large apples.
2. Boil some water.
3. Pour the boiling water over the apples.
4. Put to one side until the johnnycakes are ready.
5. Start preparing the johnnycakes.
6. Beat two eggs.
7. Stir three cups of milk, four cups of cornmeal and one and a half teaspoons of salt into the beaten eggs.
8. Drop some spoonfuls of the batter into a heated, greased pan.
9. Fry until golden brown and serve.
10. Strain the appleade through a colander and serve.

Übung 22

1. Gold Rush, gold dust, 2. golden opportunity, 3. gold nuggets, 4. golden rings

Übung 23

1. offer, 2. job, 3. wages, 4. work, 5. slave, 6. helper

Übung 24

1. 2,000, 2. 228, 3. 3, 4. 1809, 5. 80, 6. 1620, 7. 7, 8. 20, 30

Übung 25

1. widow, 2. steamship, 3. rooms, 4. the same street, 5. canneries, after

Übung 26

2. Conner fell down onto the street. 3. They sent Conner to the almshouse. 4. Henry visited Conner's wife in 'Louse Alley'. 5. Conner had typhoid. 6. The nurse in the almshouse thought that the so-called alley system was to blame for the spread of typhoid. 7. Helen caught typhoid.

Übung 27

1g, 2f, 3b, 4h, 5e, 6d, 7c, 8a

Übung 28

1e, 2d, 3f, 4h, 5b, 6a, 7c, 8g

Übung 29

1g, 2c, 3h, 4e, 5b, 6f, 7d, 8a

Übung 30

1. doctor, 2. true, 3. questions, 4. clothes, 5. pistol

Übung 31

1. was, 2. have you been, 3. is, 4. were, 5. Is, 6. will be, 7. am

Übung 32

1. Take, 2. cover, 3. follow, 4. be, 5. Don't go, 6. Wait

Übung 33

1. may, 2. can't, 3. can, 4. will have to, 5. needn't, 6. should

Übung 34

1. frog, 2. dust, 3. Nat's Tavern, 4. practical joke, 5. wagon

Übung 35

1. guides, 2. gold-seekers, 3. trek, 4. clothes, 5. trousers, 6. women, 7. difference

Übung 36

1. are, 2. have had, 3. reached, 4. stands, 5. climbed, 6. had, 7. have ever seen, 8. (has) just brought, 9. am enclosing/will enclose

Übung 37

1b, 2a, 3a, 4a, c, 5c, 6c

Liebe Leserinnen und Leser,

Die einzelnen Titel aus der Reihe Lernschmöker sind den sechs verschiedenen Niveaustufen des Gemeinsamen Europäischen Referenzrahmens für Sprachen zugeordnet. Welcher Niveaustufe dieser Titel angehört, können Sie der Angabe auf dem Cover bzw. Buchrücken entnehmen.
Die Niveaustufen bedeuten:
A1/A2: *Elementare Sprachverwendung*, d.h.
A1: Sie können einzelne Wörter und ganz einfache Sätze verstehen.
A2: Sie können ganz kurze und einfache Alltagstexte lesen.
B1/B2: *Selbstständige Sprachverwendung*, d.h.
B1: Sie verstehen Texte, in denen v.a. sehr gebräuchliche Alltags- und Berufssprache vorkommt.
B2: Sie verstehen zeitgenössische literarische Prosatexte.
C1/C2: *Kompetente Sprachverwendung*, d.h.
C1: Sie verstehen Sachtexte, technische Fachartikel sowie literarische Texte.
C2: Sie verstehen jede Art geschriebener Texte, auch wenn sie inhaltlich und sprachlich komplex sind.

Sollten Sie ganz genau wissen wollen, welche Niveaustufe für Sie geeignet ist, so finden Sie auf unserer Website unter www.langenscheidt.de sowohl eine kompakte Beschreibung der einzelnen Referenzniveaus als auch eine Orientierungshilfe zur Selbstbeurteilung in Bezug auf die verschiedenen Niveaustufen.
So können Sie die Lektüre wählen, die ideal auf Ihre Sprachkenntnisse und Bedürfnisse zugeschnitten ist.
Viel Spaß beim Lernschmökern!

Ihre Langenscheidt-Redaktion